FREIMAURERLICHT

Herausgegeben von der
WOLFSTIEG-GESELLSCHAFT,
unabhängige Freimaurerforschung,
Gründung 1913 e.V.

Öffentliche Edition (Ö1)
Ausgabe 1, (Print) 2020

August Wolfstieg (1859-1922)

Herausgeberin
WOLFSTIEG-GESELLSCHAFT,
unabhängige Freimaurerforschung, Gründung 1913 e.V.
Rheinstraße 2, 64319 Pfungstadt

Chefredakteur i.S.d.PrG.
Giovanni Grippo

Herstellung
Giovanni Grippo Verlag und Buchhandel
Postfach 51 64, 61422 Oberursel (Taunus)

ISBN 978-3-942187-39-8

Inhaltsverzeichnis

Vorwort

von Brigitte Widhalm

Die 2020 wiedergegründete Wolfstieg-Gesellschaft fördert die unabhängige Freimaurerforschung und bietet Historikern, Akademikern, Hobbyhistorikern, Freimaurern und Interessierten einen Dialog an.

Sie möchte als Plattform dienen, auf deren Basis Freimaurer und Nichtfreimaurer die Gelegenheit zum Meinungsaustausch nutzen können und das auch außerhalb der Freimaurerei. Zu diesem Zweck werden durch die Wolfstieg-Gesellschaft öffentliche Kolloquien, Vorträge und Online-Treffen bundesweit, in der Schweiz und in Österreich organisiert.

Der offene Umgang der Gesellschaft mit hauptsächlich geschlossenen oder nur spezifisch auf Freimaurer/innen abzielende Themen zeigt, dass es in der Öffentlichkeit zumeist sehr viele Unklarheiten und Missverständnisse über die Freimaurerei gibt. Sie reichen von Unschärfen ihrer Geschichte, über das Unverständnis der Rituale und Zeremonien bis hin zu den Verschwörungstheorien, denen man ausgesetzt sein kann. Eine Aufarbeitung und eine gemeinsame Aussprache sind leider bis heute fast gänzlich ausgeblieben aber notwendiger denn je.

Die Wolfstieg-Gesellschaft sieht ihre Berufung nicht allein in der Erforschung der Vergangenheit, sondern auch in der Gegenwarts- und Zukunftsbewältigung. Es ist den Mitgliedern eine Herzensangelegenheit, u.a. Freimaurerlogen durch örtliche Abordnungen zu vernetzen und bei angehenden Aufgabenstellungen zu unterstützen. Das war sicherlich auch das Anliegen des Namensgebers, als er sein Werk über das »Werden und Wesen der Freimaurerei« vor genau

100 Jahren veröffentlichte und damit in Deutschland eine an Historizität nie dagewesene Grundlage schuf. Die Wiedergründung in diesem Jahr soll dies u.a. unterstreichen.

Das vorliegende Buch verbindet Ziel und Zweck der Wolfstieg-Gesellschaft auf ausgewogene Art und Weise. Es greift den freimaurerischen Impetus des Schlossgartens in Schwetzingen auf. Zugleich werden die freimaurerischen Inhalte als nur eine von mehreren Interpretationsebenen verstanden. Es handelt sich um ein *sowohl als auch* und um kein *entweder oder*. Die Hinweise und Indizien auf den freimaurerischen Impetus des Schlossgartens sind erdrückend aber leider nicht annähernd zur Gänze erforscht, wohingegen die Kultur- und Kunstgeschichte sich ihren Weg allmählich bahnt.

Das Buch kann als ein wissenschaftliches Werk betrachtet werden, wobei der Hauptzweck der Wolfstieg-Gesellschaft nicht die Forschung selbst sondern deren Förderung ist, d.h. Forschende und Interessierte bei ihren Bemühungen zu unterstützen, zusammenzubringen und ihnen geeignete Partner zur Seite zu stellen. Dafür wurden bereits mehrere örtliche Abordnungen in Kleve, Köln, Koblenz, Mannheim und Basel gegründet. Es ist notwendig, dass die Freimaurerei ihren Elfenbeinturm verlässt und offen über ihre Absichten und Ziele informiert. Gerade in unserer Zeit kann sie Hilfe und Orientierung bieten, um als „wahrer" Mensch im persönlichen Umfeld und in unserer Gesellschaft bestehen zu können.

Die Projekt- und Aktivitätenvielfalt aller Beteiligten, wie sie u.a. im frei verfügbaren FML Online-Magazin oder auf der Homepage (www.wolfstieg-gesellschaft.org) nachzulesen sind, zeigen, wie ergänzend der wiedergegründete Verein zu den bereits bestehenden Forschungsgesellschaften in Deutschland, in der Schweiz und in Österreich positioniert ist.

Es ist mir auch ein Anliegen zu betonen, dass gerade mit der Zusammenarbeit von verschiedenen Obedienzen, d.h. von verschiedenen freimaurerischen Riten, die Vielfalt der Freimaurerei zu Tage tritt und - wie könnte es anders sein - Gelegenheit bietet, voneinander zu lernen.

Ich wünsche deshalb dieser Schrift und der Wolfstieg-Gesellschaft viel Erfolg und die Anerkennung, die sie verdienen.

Zürich, den 31.08.2020

Brigitte Widhalm ist seit 1977 Freimaurerin. Sie ist Meister vom Stuhl der Freimaurerloge *Fidelitas* im Orient Zürich und der Zugeordnete Großmeister der Großloge *Humanitas*, die 1959 in Frankfurt am Main gegründet wurde. Sie vereinigt Freimaurerinnen und Freimaurer unter einem Dachverband.

Markus G. Schlegel

Jahrgang 1979. Verwaltungsfachwirt, Abteilungsleiter für den Bereich Schule, Kultur und Öffentlichkeitsarbeit.

Freimaurer seit 2014.

Vorsitzender des Ausschusses für Instruktion und Logenservice der ACGL; Verantwortlicher Großbeamter für das Freimaurermagazin ACGL COMMUNICATOR.[1]

Mitglied der Forschungsvereinigung Frederik.

Träger des Grand Secretary Award 2019 (ACGL), der Ehrenmedaille für Öffentlichkeitsarbeit 2020 der »Vereinigten Großlogen von Deutschland – Bruderschaft der Freimaurer« (VGLvD) und des Grand Master Award 2020 der ACGL.

Großmarschall (2020-2021) sowie Alt-Großzeremonienmeister (2019-2020) der »American Canadian Grand Lodge in Deutschland« (ACGL).

Mitautor, Lektor und Kommentator des Buches: »Die freimaurerischen Grundregeln«[2] und Mitherausgeber des FML Online-Magazins.[3]

Leiter der Abordnung Nordrhein und »Virtuell« der Wolfstieg-Gesellschaft.

---

1 Vierteljährliches Online-Magazin der ACGL.

2 Veröffentlicht 2020 im Eigenverlag über Amazon.de

3 Vierteljährliches Online-Magazin der »Wolfstieg-Gesellschaft e.V.«

Die Wolfstieg-Gesellschaft stellt sich vor

von Markus G. Schlegel

Am 19. Mai 1861 fand die Gründung des Vereins deutscher Freimaurer statt. Die Satzung stellte fest, dass sein Zweck das Systematisieren wissenschaftlicher Arbeiten auf dem Gebiet der Freimaurerei wäre. Die Veröffentlichung der Sammlung von maurerischen Handschriften und Urkunden solle in Zusammenarbeit mit ausländischen Großlogen erfolgen.

Die Anfänge der Wolfstieg-Gesellschaft, die erst vier Jahre (1926) nach Wolfstiegs Tod seinen Namen erhielt, gehen u.a. auf Ignatius Aurelius Feßler (1756-1839) zurück, der Anfang des 19. Jahrhunderts einen »Bund scientifischer Freimaurer« leitete (Horn, Historiographie, S. 8).

In einer Sitzung des »Vereins deutscher Freimaurer« des Jahres 1913 wurde unter Berufung auf den genau hundert Jahre zuvor von Feßler gegründeten Forschungs-Bund eine Gesellschaft zur Förderung freimaurerisch-wissenschaftlicher Forschung etabliert.

Ihr Namensgeber ist der Freimaurer August Wolfstieg (1859-1922), Verfasser der »Bibliographie der Freimaurerischen Literatur« und von dem »Werden und Wesen der Freimaurerei« sowie anderer nachhaltiger Werke, die sich mit den Werten und dem Innenleben der Freimaurerei beschäftigen.

1914 wurde Wolfstieg von dem Freimaurer Alfred Unger aufgefordert, die geistesgeschichtlichen Ursprünge und Zusammenhänge der deutschen Freimaurerei geschichtlich klarzulegen.

1920, zwei Jahre nach dem Ende des ersten Weltkrieges, lagen die Forschungsergebnisse in dem dreibändigen Werk »Ursprung und Entwicklung der Freimaurerei« vor. In den Folgejahren entstand eine Ergänzung in zwei Bänden. Die Abschlussarbeiten konnte

Wolfstieg aufgrund seiner fortschreitenden Erblindung nicht mehr persönlich durchführen. Die Veröffentlichung der beiden Bände übernahm daher der Freimaurer Alfons Dirksen. Das Gesamtwerk wurde unter dem Titel »Werden und Wesen der Freimaurerei« veröffentlicht.

Nach den Wirren der Hyperinflation wurde die Gesellschaft 1926 wiedererrichtet und schließlich 1935 zusammen mit allen anderen freimaurerischen Organisationen durch das Nazi-Regime verboten.

Bereits seit 2018 entstand aus einer lockeren bundesweiten Forschungsgruppe, die zuerst ohne Organisationsform forschte eine Gemeinschaft mit dem Wunsch, die erlangten Erkenntnisse auch einer breiten Öffentlichkeit zur Verfügung zu stellen. Als sie 2020, im Rahmen von virtuellen Meetings der V-Loge, auf die 1913 gegründete Wolfstieg-Gesellschaft stieß, wurde sie zum dritten Mal ins Leben gerufen.

Am 30. Mai 2020 fand die konstituierende Sitzung der Wolfstieg-Gesellschaft als unabhängige Förder- und Forschungsgesellschaft mit Sitz in Bad Homburg vor der Höhe statt, damit sie ihren über 100-jährigen Förderauftrag von Neuem nachkommen kann. Bad Homburg wurde als Vereinssitz gewählt, weil dort die Wiederbelebung des Vereins 1926 erfolgt war.

Die Wolfstieg-Gesellschaft veröffentlicht mehrere Druckschriften im Jahr, die Mitglieder im Rahmen ihres Förderbeitrages von z. Z. 48,00 € im Jahr kostenfrei und automatisch erhalten. Das dazugehörige FML Online-Magazin erscheint in unregelmäßigen Abständen. Als unabhängige Gesellschaft kann jeder Mitglied werden, der das 18. Lebensjahr erreicht hat.

Darüber hinaus wurden bereits unterschiedliche Abordnungen bundesweit gegründet und weitere sind aktuell in Planung. Die örtlichen Abordnungen haben zum einen die Aufgabe die regionalen Logen und Vereine zu vernetzen und zu unterstützen, sowie auch die Öffentlichkeit durch Vorträge und Veranstaltungen über die Freimaurerei zu informieren.

Die Mitglieder haben es sich insbesondere zur Aufgabe gemacht, aus der unglaublichen Menge an freimaurerischer Literatur der letzten 300 Jahre die Juwelen, die außergewöhnlichen Werke zu extrahieren und als Neuauflagen einem breiten Publikum wieder zur Verfügung zu stellen.

Die Gesellschaft versteht die freimaurerische Forschung jedoch nicht ausschließlich als historische Forschung. Die Gegenwarts- und Zukunftsforschung haben einen vergleichbaren Stellenwert. So bietet die Wolfstieg-Gesellschaft über die Abordnungen den örtlichen Logen auch Lösungen für organisatorische Fragen oder fertige Konzepte für Gäste- und Interessiertenveranstaltungen an.

In regelmäßigen Abständen finden des Weiteren bundesweit Kolloquien statt.

Niederrhein, den 24. Juli 2020

Decke des großen Saals im Palais Hirsch

Großer Saal im Palais Hirsch

Einleitung

von Benjamin Fuchs

Am Wochenende des 11. und 12. Juli 2020 fand im Palais Hirsch in Schwetzingen das erste Freimaurer-Kolloquium statt. Das Palais Hirsch war ursprünglich der Wohnsitz von Pater Seedorf (eigentlich Franz Joseph Fegely) dem Beichtvater des Kurfürsten Carl Theodor. Von beiden nimmt man heute an, dass sie Freimaurer waren. Das Kolloquium reiht sich in die diesjährigen 250 Jahresfeierlichkeiten der »Großen Landesloge der Freimaurer von Deutschland« ein.

Um dem Hygienekonzept gerecht zu werden, wurde das Kolloquium von einem Tag auf zwei Tage erweitert, sodass insgesamt 80 Interessierte, Freimaurer und Nichtfreimaurer aus 22 Städten sowie Freimaurerlogen aus drei Ländern trotz Corona teilnehmen konnten. Es mussten aufgrund des Hygienekonzepts (max. 40 Personen pro Tag) leider einige Anmeldungen abgelehnt werden. Die Presse hat ausgiebig vor und nach dem Kolloquium berichtet (Mannheimer Morgen 09.07.2020 und 13.07.2020).

Der Schlossgarten in Schwetzingen bietet mehreren freimaurerischen Systemen des 18. Jahrhunderts eine Projektionsfläche, ohne dabei das eine oder andere vorzuziehen. Das ist einzigartig und zeugt von einem tiefen Verständnis für die Zusammenhänge der Freimaurerei in der damaligen Zeit. In der Mitte des 18. Jahrhunderts wurden viele Inhalte und Rituale überwiegend mündlich oder handschriftlich weitergegeben; und das über Länder- und Sprachgrenzen hinweg, ohne die uns heute so vertrauten Möglichkeiten der postmodernen Welt.

Der Schwetzinger Schlossgarten ist nicht nur der größte und am besten erhaltene Freimaurergarten der Welt, vielmehr noch setzt er allen freimaurerischen Ideen ein Monument. Für das Freimaurer-Kolloquium konnten folgende Experten gewonnen werden:

Professor Dr. Jan Snoek
Religionswissenschaft, Heidelberg
Der freimaurerische Garten in Schwetzingen

Dr. Monika Scholl-Frey
Kunsthistorikerin, Offenburg
Der Arion-Brunnen – Nur ein Schnäppchen für Schwetzingen?

Nadine Klein
Magistra Artium, Heidelberg
Der Schwetzinger Schlossgarten im Spiegel antiker Mythologie und westlicher Esoterik

Giovanni Grippo
Vorsitzender Meister, Darmstadt
Inhalte des Schwetzinger Schlossgartens anhand heutiger Freimaurer-Systeme

Uwe Hauth
Diplom-Archivar, Traben-Trarbach
Von den Anfängen des Gärtnerberufes bis zur Gründung der Freigärtnerloge

Mit Professor Dr. Jan Snoek, Dr. Monika Scholl-Frey[4] und Nadine Klein (MA) wurde auf diejenigen Experten zurückgegriffen, die bereits 2006 beim ersten Antrag auf Welterbe beteiligt waren. Giovanni Grippo ist ein interdisziplinärer Freimaurer- und Esoterik-Forscher. Mitglied der »Großen Landesloge der Freimaurer von Deutschland«, im IX. Grad und seit 2013 Vorsitzender Meister der Freimaurerloge »Zum flammenden Schwert« in Darmstadt und 1. Abgeordneter Logenmeister der Freimaurerloge »Zum brennenden Dornbusch« in Alzey. Zudem konnte mit dem Diplom-Archivar Uwe Hauth jemand gewonnen werden, der von Berufs wegen und

[4] Dr. Monika Scholl-Frey war an beiden Tagen verhindert. Professor Dr. Jan Snoek, der u.a. an ihrem Vortrag mitgewirkt hat, verlas ihn an ihrer statt.

durch den internationalen Zugriff auf Archive, die Sachlage anhand von schriftlichen Nachweisen belegen kann.

Nach den Vortragsreihen am Samstag und am Sonntag fanden ab 15.00 Uhr, nach einem gemeinsamen Lunch, freimaurerische Führungen durch den Schlossgarten statt.

In den Vorträgen und in der Begehung des Gartens wurde deutlich, dass es viele Hinweise dafür gibt, dass bei der freimaurerischen Erschließung des Schlossgartens in Schwetzingen auf den zehn-gradigen in Deutschland bis heute bestehenden sogenannten »Schwedischen Ritus« zurückgegriffen wurde. Damit können gezielt Symbole und Symbolanordnungen, sogenannte Arbeitstafeln (Arbeitsteppiche) des »Schwedischen Ritus« mit Installationen und Bosketten verglichen werden; aber ohne den freimaurerisch-französischen Einfluss des Hauptarchitekten Nicolas de Pigage zu übersehen. Darum sollte man wissen, dass die meisten freimaurerischen Systeme, die heute auf dem europäischen Kontinent bestehen, zum größten Teil von Frankreich und weniger direkt von England, dem Ursprungsland der modernen Freimaurerei, beeinflusst wurden.

Das Kolloquium stand Freimaurern und Nichtfreimaurern gleichermaßen offen, so dass die mitgereisten Partner und die an der Freimaurerei interessierten Gäste ebenfalls an allen Veranstaltungen teilnehmen konnten. In den Mittagspausen und beim Abendessen wurden die Erlebnisse rege untereinander ausgetaucht.

Ober-Ramstadt, den 13. Juli 2020

Prof. Dr. Jan Snoek

Religionswissenschaft
Heidelberg

Jahrgang 1946.

Seit 1971 Freimaurer.

Mitglied der Forschungslogen »Ars Macionica«, »Quatuor Coronati« sowie der Forschungsvereinigung »Frederik«

Einer der weltweit renommiertesten Freimaurer-Forscher.

Am Institut für Religionswissenschaft der Ruprecht-Karls-Universität in Heidelberg liegt sein Forschungsschwerpunkt in den Bereichen Ritualtheorien und Initiationen.

Der freimaurerische Garten in Schwetzingen

von Professor Dr. Jan Snoek unter Mitarbeit von Nadine Klein

Im Rahmen des Antrags zur Aufnahme der kurfürstliche Sommerresidenz in Schwetzingen in die Liste des UNESCO Welterbes in den Jahren 2005/2006[5] begleitete Dr. Robert De Jong, der ehemalige Präsident des Internationalen Komitees für historische Gärten von ICOMOS-IFLA, die Antragstellung als Berater der UNESCO.

Während der begleitenden Forschungen wiesen bereits einige Indizien auf einen freimaurerischen Kontext hin, wie er aus englischen Landschaftsgärten bekannt war. De Jong sah in der freimaurerischen Deutung des Schlossgartens tatsächlich ein wichtiges Alleinstellungsmerkmal.

Dr. Monika Scholl-Frey sollte für den Antrag den Schlossgarten beschreiben und merkte schnell, dass das Konzept der englischen Freimaurergärten auch auf Schwetzingen zutrifft, verstand allerdings nicht wie.

Am Lehrstuhl für Religionswissenschaften der Ruprecht-Karls-Universität in Heidelberg wurde auf den Freimaurerwissenschaftler Prof. Dr. Jan Snoek verwiesen, der damals am Sonderforschungsprojekt »Ritualdynamik« mitarbeitete. Es war der Beginn einer Zusammenarbeit, zu der auch der Architekturhistoriker Prof. Dr. James Stevens Curl[6] und Dr. Andréa Kroon[7] stießen.

---

[5] Der Antragstitel lautete: *Schwetzingen: Die kurfürstliche Sommerresidenz - Gartenkunstwerk und freimaurerische Ideen.*

[6] James Stevens Curl: *Freemasonry & the Enlightenment: Architecture, Symbols & Influences* (London, 2011), vollständig überarbeitete Version von *The Art & Architecture of Freemasonry* (London 1991).

[7] Andréa A. Kroon: *Masonic networks, material culture & international trade: The participation of Dutch freemasons in the commercial & cultural exchange with Southeast Asia (1735-1853)*, Dissertation, Leiden 2015.

Für das Kolloquium am 11. Juli 2020 in Schwetzingen sind die Fragen ob der Garten freimaurerisch ist und ob Carl Theodor und sein Gartenarchitekt Nicolas de Pigage Freimaurer waren wichtig.

Ein Schlüssel, um den Garten zu verstehen, bilden die sogenannten Weltzeitaltervasen. Diese stehen in den meisten französischen und englischen Gärten immer so, dass wenn man aus dem Schloss in den Garten kommt, sie von links nach rechts in der Reihenfolge vom Goldenen, Silbernen, über das Kupferne zum Eisernen Zeitalter stehen. Im Schwetzinger Schlossgarten stehen sie allerdings in der umgekehrten Leserichtung, vom Eisernen bis zum Goldenen Zeitalter. Oft wurde das als Beispiel dafür herangezogen, dass Carl Theodor nichts von Gartenarchitektur verstanden hätte. Diese Meinung ist nicht haltbar, da Carl Theodor der zweitwichtigste Mann nach Friedrich dem Großen im Heiligen Römischen Reich Deutscher Nation war. Es ist eher anzunehmen, dass jemand von seinem Format sich den Regeln nicht unterwarf, sondern mit den Regeln spielte.

Das bedeutet, dass wir uns, um die Weltzeitaltervasen in der richtigen Reihenfolge zu sehen an die gegenüberliegende Seite des Gartens stellen müssen, so wie er zu sehen ist auf dem allerersten Entwurf von Petri 1753. Betrachtet man den Plan des Gartens in dieser Ausrichtung mit dem Wasserbassin im Westen, so sieht man direkt, dass der Garten eine Kreuzfigur bildet, genauer gesagt, die Form einer Kreuzmonstranz auf einem Altar hat.[8] (siehe Abb. 1)

Carl Theodor hatte die Liebe für den französischen Garten von seiner Urgroßmutter auf Schloss Drogenbosch bei Brüssel mitbekommen, die ihn in jungen Jahren erzogen hatte. In dieser Zeit war Franz Seedorf SJ sein Lehrer und Erzieher. Er wurde später sein

[8] J.A.M Snoek: *Schwetzingen: More than just a Masonic Garden* in: *Symbolism in the 18th Century Garden. The Influence of Intellectual and Esoteric Currents, such as freemasonry.* (Den Haag 2006). S. 154.

Beichtvater und wichtigster Berater. Seedorf war bis zu seinem Tod 1758 aktives Mitglied der Freimaurerloge in Mannheim.[9] Die Freimaurerei war damals modisch, Friedrich von Preußen, der spätere Friedrich der Große, war 1738 schon initiiert worden. Es ist daher einfach wahrscheinlicher, dass Carl Theodor Freimaurer war, als dass er es nicht war.

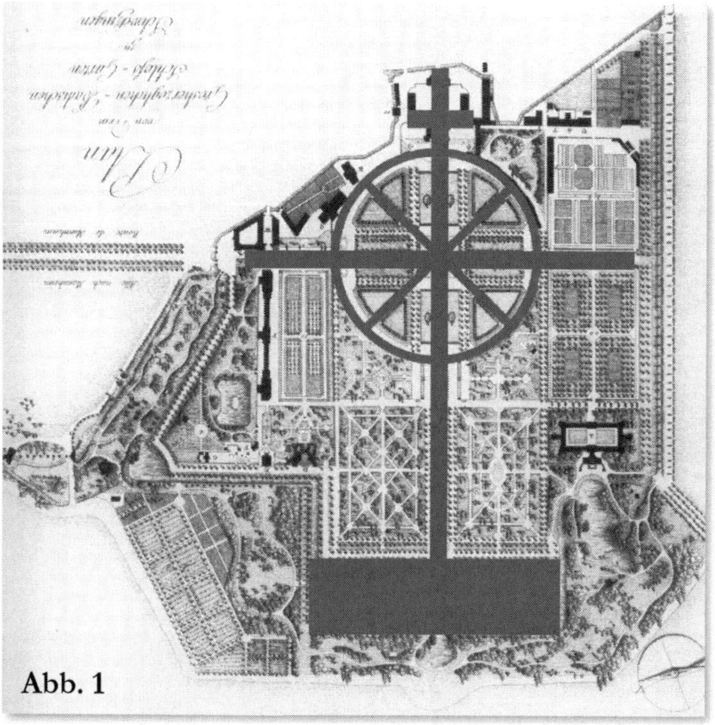

Abb. 1

[9] J. Waldkirch: „Die Geschichte der Loge ‚Carl zur Eintracht'" in G. Berger (Hg): *250 Jahre Freimaurerei in Mannheim, 1756-2006*, Selbstverlag: Mannheim 2006, 9-31, S. 11.

Ich werde jetzt zwei Beispiele von Elementen im Garten geben, die eindeutig freimaurerisch sind.

Erstens gibt es im Kreisparterre eine bestimmte Struktur von Wegen und eine bestimmte Anordnung von kleineren Vasen und Statuen, die ein großes Muster abbilden. Es handelt sich hierbei um jeweils drei ineinander verschachtelte Kreise und Quadrate sowie ein Andreaskreuz. (siehe Abb. 2)

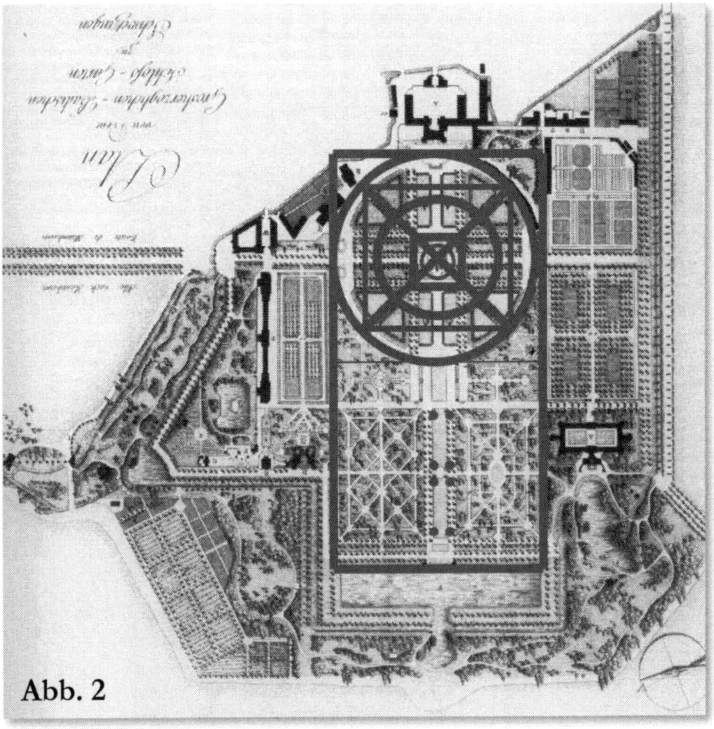

Dies ist keine selbstverständliche Struktur, die jedoch für die Schottische Meisterloge auf den zeitgenössischen freimaurerischen Tableaus vorhanden ist. Die älteste Abbildung findet sich auf einem

Tableau, der 1742 in Berlin gegründeten Schottischen Meisterloge „L'Union" von 1747. (siehe Abb. 3a und 3b) Zwar ist auf dieser Abbildung die Figur nicht perfekt abgebildet, allerdings wird sie im damaligen Ritualtext genau beschrieben und auf späteren Tableaus ist die Figur so abgebildet, wie sie im Text beschrieben ist. (siehe Abb. 4) Innerhalb der Freimaurerei hat jeder Grad ein Set an Symbolen, die auf dem Tableau (der Arbeitstafel) beim Ritual aufgezeichnet werden und anschließend wieder ausgelöscht.

Abb. 3a

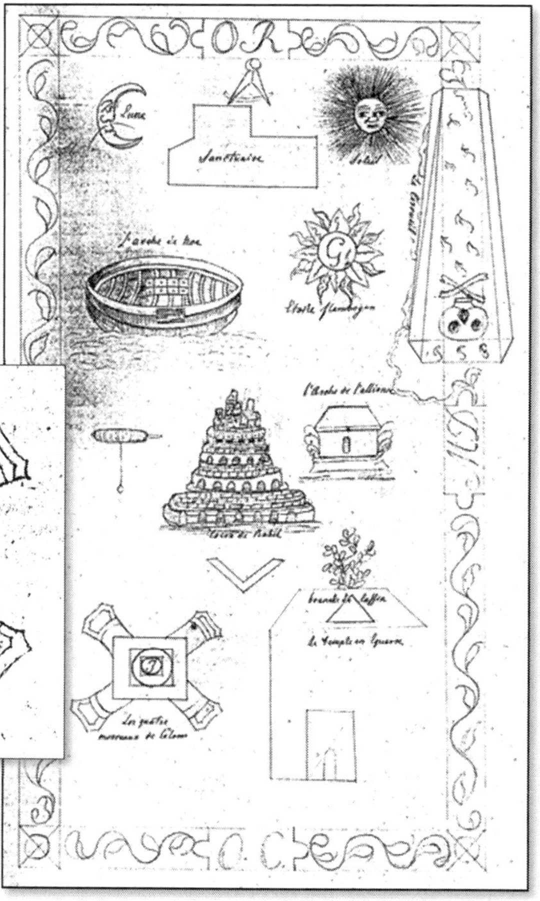

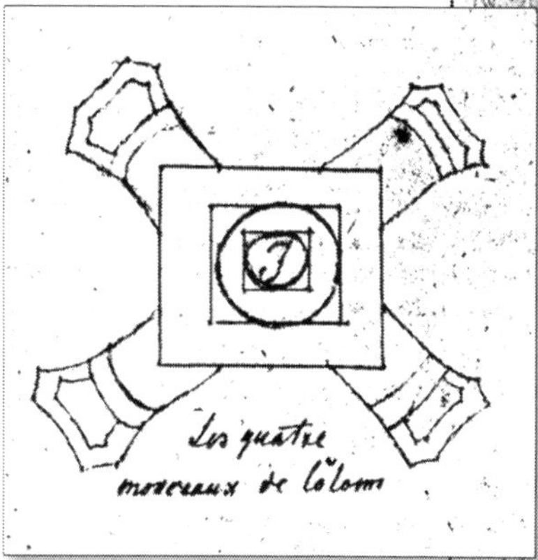

Abb. 3b

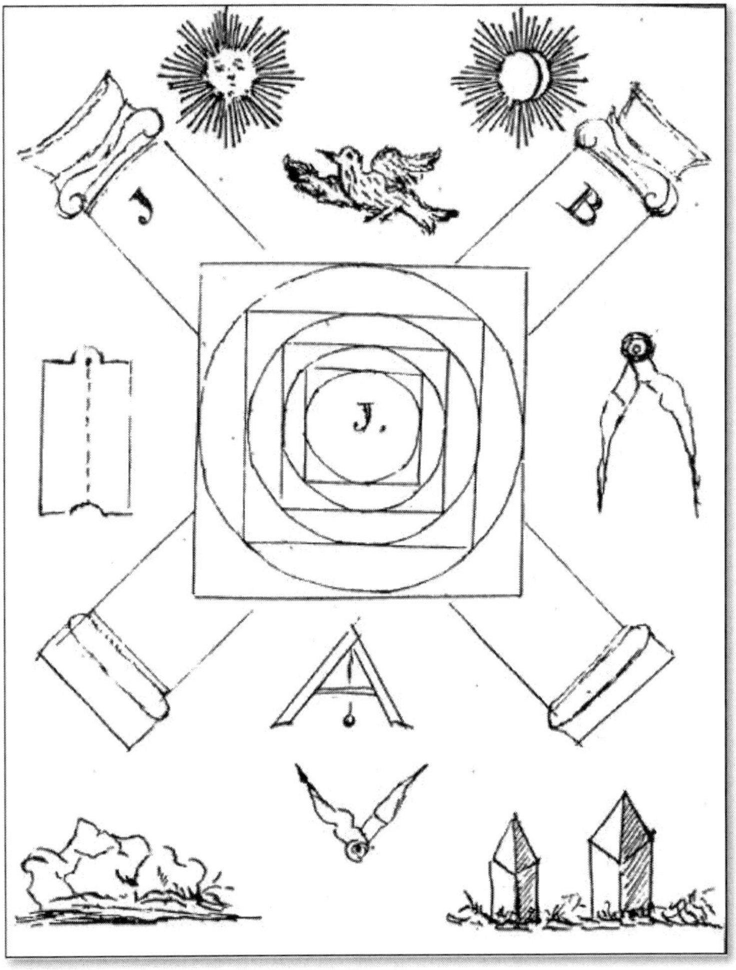

Abb. 4

Das zweite Beispiel ist der flammende Stern. Dabei handelt es sich um einen Übersetzungsfehler aus dem Englischen. Er hieß auf Englisch: *Blazing star*. Das bedeutet eigentlich Komet. Seit Giotto, der den Halley'schen Kometen um 1305 beobachtet hatte und den Stern von Bethlehem als einen Komet abgebildet hatte, wird er in der Kunst so dargestellt. (siehe Abb. 5) Newton hat die Schwerkraft entdeckt und beschrieben. Sie ist für ihn das höchste göttliche Gesetz, dass das ganze Universum zusammenhält und für ihn ist der Komet die deutlichste Manifestation der Schwerkraft. Der Pfarrer Desaguliers, ein Mitarbeiter von Newton und grundlegender Wegbereiter der modernen Freimaurerei, hat im frühen 18. Jahrhundert wahrscheinlich das Symbol des Kometen auf Arbeitstafeln der Freimaurerei (siehe Abb. 6) transferiert. Der Komet bedeutet hier also gleichzeitig der Stern von Bethlehem und die Schwerkraft.

Abb. 5

Abb. 6

Im Ritual *Masonry Dissected* von Samuel Prichard (1730) wird zum ersten Mal das Dreigradsystem beschrieben. In der Mitte der 1740-er Jahre werden französische Rituale publiziert, worin *Blazing Star* nicht als *comète*, sondern buchstäblich, Wort für Wort, als *étoile flamboyante* übersetzt wurde. Seitdem wurde dieser Übersetzungsfehler weit verbreitet. In Travenols Ritualbüchlein: *Catechisme des Francs-Macons* aus 1744 haben wir das erste Mal eine Abbildung einer Arbeitstafel, die den flammenden Stern zeigt. Man kann deutlich erkennen, dass der Zeichner nicht versteht, dass es sich um einen Kometen handelt. In der zweiten Version von Travenols Ritualbüchlein: *La désolation des entrepreneurs modernes du Temple de Jérusalem* aus dem Jahre 1747 kann man genau die Version des flammenden Sterns fassen, den wir in der Moschee im Schwetzinger Schlossgarten mehrfach dargestellt finden. (siehe Abb. 7)

Die Moschee

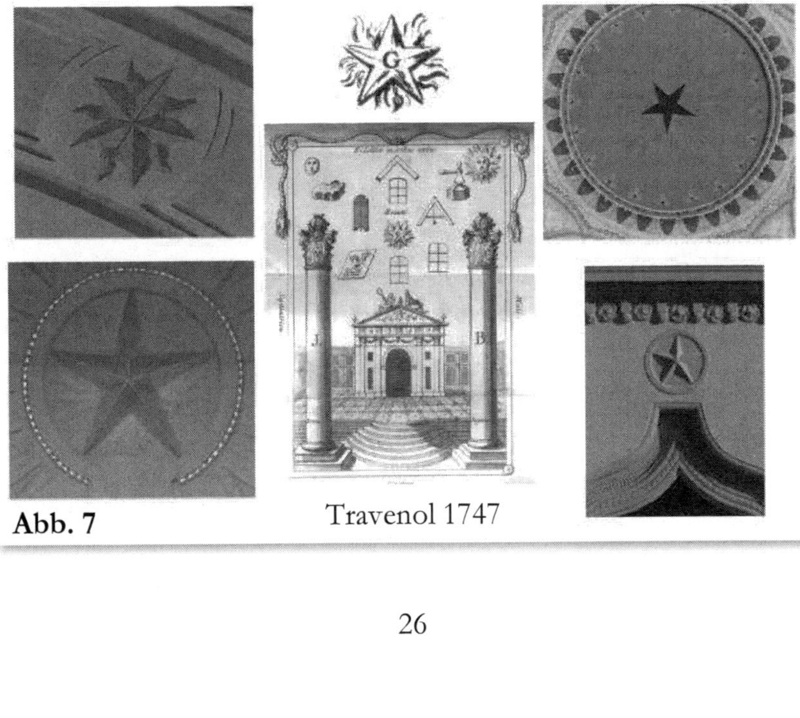

Abb. 7

Travenol 1747

Da es sich hier um ein spezifisches Symbol handelt, das lediglich in der Freimaurerei vorkommt, kann man sagen, dass in der Moschee eindeutig freimaurerische Symbolik sichtbar gemacht wird.

Wenn wir jetzt zu unserer Ausgangsfrage zurückkehren, haben wir leider keine Mitgliederlisten der privaten Hofloge von Carl Theodor, sondern es gibt nur zwei schriftliche Quellen, die besagen, dass Carl Theodor Freimaurer gewesen ist. Das eine Zitat haben wir in einem Brief von Hertel an Hoheneicher, zitiert in einem Bericht von Louis Cachet, dem Grafen von Montezan vom 26. November 1785:

> Carl Theodor war in der Tat seit 25 Jahren ein Mitglied der Freimaurerei. Aber es war seinem Beichtvater [zu dieser Zeit Pater Frank] gelungen ihn zu überzeugen, dass diese Vereinigung etwas Schreckliches wäre.[10]

Des Weiteren schrieb Weishaupt an Bode:

> Den Verfolgungen, denen wir ausgesetzt sind, sind von keiner Wichtigkeit. Der Kurfürst [= Carl Theodor] hat dem Großzeremonienmeister bei Hofe, dem Grafen von Seinsheim und anderen, erklärt, dass er selbst Freimaurer war und dass er alle Systeme und Riten kannte und respektierte. Das Verbot habe er nur unterschrieben um von seinem Kanzler und dem [Beichtvater] Pater Frank in Ruhe gelassen zu werden. Was für eine [charakterliche] Schwäche! Inzwischen hat diese Maßnahme die besten und befriedigendsten Effekte auf unsere Gesellschaft [= die Illuminaten] gezeigt.[11]

---

[10] „Charles-Théodore avait en effet appartenue á la Franc-Maçonnerie pendant vingt-cinq ans. Mais son confesseur était parvenue à lui persuader que cette association était une chose abominable" (vgl. R. le Forestier: *Les Illuminés de Bavière et La Franc-Maconnerie Allemande*, Paris 1914, S. 452, Fußnote 5).

[11] "Les poursuites dont nous sommes l'objet n'ont aucune importance. L'Electeur a déclaré au Grand Maréchal de la Cour, comte de Seinsheim, et à d'autres qu'il était lui-même Franc-Maçon, qu'il connaissait et respectait tous les Systèmes et

Leider sind die Originaldokumente, die diese Zitate enthalten nicht verfügbar, da das erste bei einem Brand der Wittelsbachischen Zentralbibliothek zerstört wurde und der Brief von Weishaupt verschollen ist. Weil aber die beiden Zitate vollkommen unabhängig voneinander sind, unterstützen sie gegenseitig ihre Glaubwürdigkeit.

Zusammenfassend können wir unsere zu Beginn gestellten Fragen nun beantworten:

Ist der Garten freimaurerisch gestaltet? Ja, eindeutig, aber auch klassisch mythologisch, christlich-mystisch und auch als Ausdruck der Macht Carl Theodors.

Waren Carl Theodor und Nicolas de Pigage Freimaurer? Sehr wahrscheinlich, denn sonst könnte es diesen Garten in dieser Form nicht geben.

Wie ist der Garten zu lesen? Auf unterschiedlichen Bedeutungsebenen: Für Nicht-Eingeweihte auf der Ebene der klassischen Mythologie und auf einer christlich-mystischen Ebene; und schließlich für Eingeweihte aus einer spezifisch freimaurerischen Perspektive heraus.

---

qu'il avait signé le rescrit uniquement pour avoir la paix de la part de son chancelier et du P. Frank. Quelle faiblesse ! En attendant, cette mesure a eu pour notre Société les meilleurs effets et les plus satisfaisants." (Le Forestier 1914, 454).

Dr. Monika Scholl-Frey

Kunsthistorikerin
Offenburg

Schloss das Studium der Kunstgeschichte an der Universität Karlsruhe mit der Promotion ab.

Arbeitete als freie Kunsthistorikerin an verschiedenen Projekten u.a. in Mannheim, Heidelberg und Schwetzingen.

Davon seien vor allem die Inventarisierung und Erforschung der Schwetzinger Gartenfiguren sowie Baumaßnahmen begleitenden Bauforschungen am Hoftheater genannt.

Der Arion-Brunnen - Nur ein Schnäppchen für Schwetzingen?

von Dr. Monika Scholl-Frey

Die Ausstattung in Carl Theodors Schwetzinger Schlossgarten galt in jüngster Zeit als Pasticcio günstiger Erwerbungen. Vorrangig hätten wirtschaftliche Erwägungen des vermeintlich finanzschwachen Kurfürsten die Ausgestaltung der Gartenanlage bestimmt. Die inhaltliche Konzeption sei dabei oft auf der Strecke geblieben, dies gelte besonders für die zentrale Hauptgruppe im Parterre, den Arion-Brunnen.

Der Garten heute

Das heutige Erscheinungsbild des Schwetzinger Schlossgartens geht im Wesentlichen auf die unter Kurfürst Carl Theodor von der Pfalz vorgenommene Neugestaltung und Erweiterung zurück. Die Gesamtanlage mit dem Zusammenspiel von Blumenschmuck, Boskett, Wasserspielen, den vollständig erhaltenen Gartenarchitekturen und der nahezu ohne Verluste überkommenen originalen Skulpturenausstattung ermöglicht es, die einstige Pracht der Parkanlage Carl Theodors zu erahnen. Die überaus umfangreiche und vielfältige Gartenausstattung umfasst ca. 280 plastische Dekorationsstücke, die inzwischen aus konservatorischen Gründen durch Kopien ersetzt sind. Dazu gehören Figuren und Figurengruppen, Büsten und Schmuckvasen in unterschiedlichster Größe und mannigfachster Ausführung, nicht zu vergessen die Gartenbänke und Tische, die zum Verweilen einladen.[12]

Wasser stellt ein wichtiges Gestaltungselement dar: Ein komplexes und technisch sehr aufwändiges Versorgungssystem, in das zwei

[12] Dazu: Martin 1933.

Wasserwerke am Leinbach, ein Reservoir und Tiefbrunnen eingebunden waren, ermöglichte sowohl die hohe Fontäne des zentralen Arion-Bassins als auch das Kanalsystem mit dem großen Teich.

Die Entstehung des Parterres

Ab 1748 ließ sich Carl Theodor anstelle des bescheidenen Gartens seines Vorgängers Carl Philipp einen vollständig neuen Garten anlegen. Die Arbeiten begannen 1748 mit der Errichtung des nördlichen Zirkelbaues als Orangeriegebäude. 1753 lagen die Planungen für das südliche Zirkelhaus vor, 1755 war es fertig gestellt, darin waren die Gesellschaftsräume untergebracht. Damit war der äußere Rahmen der neuen Parkanlage endgültig festgelegt, die Planungen konnten beginnen. Aus dem Jahr 1753 stammt auch der erste Gartenplan, den der herzoglich pfalz-zweibrückische Hofgärtner Petri zusammen mit Nicolas Pigage erstellt hatte. (siehe Abb. 1) Pigage, war 1749 zum Intendanten über die Gärten und Wasserkünste bestellt und 1752 zum Oberbau- und Gartendirektor befördert worden. Die Fertigstellung des Parks beschäftigte Pigage bis zu seinem Lebensende. Als der Hof 1777 nach München übersiedelte, übertrug der Kurfürst ihm Vollmacht für sämtliche Maßnahmen im Garten, nur Unwesentliches wurde vom Schlossverwalter versehen. Als Pigage 1796 in Schwetzingen verstarb, war der Schlossgarten bis auf die Bänke im Inneren der Moschee fertig gestellt.

Die Quellen geben nur teilweise Auskunft über die Entstehung des Parks und seiner Ausstattung. Der Plan Petris von 1753[13] stellt die erste Aussage zu einer Gesamtkonzeption dar. Der Plan zeigt eine streng geometrische Anlage. Das Kreisparterre wird vertikal und horizontal von einer doppelten Achse geteilt, an deren Schnittpunkt sich ein Quadrat ausbildet. Dessen Mittelpunkt bezeichnet ein rundes Bassin mit fünf Fontänen. Analog zum Bassin, das von vier Zwickelbeeten gerahmt ist, wird dessen zentrale hohe Fontäne von vier

---

[13] Heber Abb. 129.

niedrigeren umgeben. Die Mitte der waagerechten Achsenabschnitte des Parterres ist jeweils durch einen Obelisk bezeichnet, die der senkrechten durch je ein kleines rundes Bassin.

Abb. 1: Plan von Johann Ludwig Petri (1753)
Heidelberg, Kurpfälzisches Museum

Auf dem Gartenplan liegt das Schloss „oberhalb" der Anlage, auf der Terrasse davor erkennt man die Weltaltervasen. „Unterhalb" waren zwei Wasser speiende Hirsche an einem halbkreisförmigen Becken, sowie eine Kaskade zu einem Spiegelbassin auf der senkrechten Hauptachse geplant.

Im Plan von 1762, der Pigages Erweiterungsprojekte des Gartens zeigt, blieb die Grundstruktur des Parterres erhalten. Neu hinzu kam die wesentlich deutlichere Ausbildung der Diagonalen, die sich ebenfalls im zentralen Bassin kreuzen. Zusätzlich wurde die Ornamentierung der Beete vereinfacht, d.h. in der Struktur gestrafft, sodass die Achsen der Wegegliederung noch stärker und klarer hervortraten. Um das runde mittlere Bassin hatte Petri[14] die Zwickelbeete im Achsenkreuz so angelegt, dass sie ein Quadrat bildeten. Ein weiteres entstand mit den Eckpunkten in den Bassins auf den Diagonalen und den Seitenlinien über die Obelisken und die Bassins in den Parterrebeeten. Der große Zirkelschlag fasste das Parterre ein. Dagegen setzte Pigage die Fontänen auf den Diagonalen weiter nach innen, sodass anstelle des zweiten Quadrats nun eine weitere Kreislinie um die Mittelfontäne entstand, auf der die Obelisken wie auch die Bassins der Diagonalen und der Parterrebeete lagen. Die Schnittpunkte der Diagonalen mit dem Zirkelschlag bilden erneut Ecken eines Quadrates.[15] Pigage rückte also das zentrale Bassin mit der Fontäne noch exponierter in den Mittelpunkt: Das Zentrum des Parterres bildet den Mittelpunkt sich abwechselnder konzentrischer Kreise und Quadrate sowie den Schnittpunkt der Hauptachsen, der Orthogonalen und der beiden Diagonalen.

Im Zusammenhang mit dem genannten Erweiterungsvorhaben bat Pigage im Oktober 1761 darum, einige Vasen und andere Schmuckstücke für den Garten kaufen zu dürfen.[16] Im Juli 1762 berichtete

---

14 Bei Martin 1933, 144, Abb. 113.

15 Siehe dazu die Strukturanalysen im Beitrag von Snoek in diesem Band.

16 Martin 1933, 326.

Pigage von den neuen Erwerbungen, vier Schmuckvasen waren schon geliefert.[17] Doch erst am 29. August 1766 fasste Pigage erstmals in einem großen Bericht das vorgesehene Skulpturen-Programm zusammen.[18] Für die Ausführung sah er den Bildhauer Peter Anton von Verschaffelt vor, der ihm am geeignetsten erschien. Verschaffelt war die folgenden Jahre mit der Erfüllung seines sehr umfangreichen Auftrags beschäftigt. Der Bericht zählt zu den wichtigsten Dokumenten über den Schwetzinger Garten. In der Einleitung nennt er Ziel und Finanzierung des Projekts: Seine kurfürstliche Durchlaucht wünsche verschiedene Bildhauerarbeiten, aus Stein, aus Marmor, aus Blei als Zierstücke für die Schwetzinger Gärten. Als Grundstock für seine – wörtlich übersetzt – „Kitzelei" („chatouille") habe dieser einen „fond" eingerichtet, der zunächst vierteljährlich 2.000 Gulden betragen habe und von nun an auf künftig 3.000 Gulden aufgestockt sei.[19]

Es folgt der Vertrag mit Bildhauer Verschaffelt. Die Vorbedingungen halten im ersten Punkt fest, dass die Themen der Skulpturen, die bereits vom Kurfürsten seit dem vergangenen Jahr festgelegt seien, unverändert blieben. Ein Teil davon sei schon geliefert, und bezahlt. Weitere seien bereits begonnen, andere müssten noch ausgeführt werden. Die anderen Themen der Bildhauerarbeiten, die noch nicht festgelegt seien, würden nach und nach und mit der Zeit vom Kurfürsten entschieden. In der anschließenden „Spécification" wird der Skulpturenschmuck des Gartens in zwölf Punkten vereinbart. Die für das Parterre unter Punkt eins bestellten vier Weltaltervasen seien bereits geliefert und bezahlt. Punkt 10 gibt die vorgesehene Gestaltung des großen, runden Bassins im Parterre an: Eine

---

[17] Martin 1933, 326.

[18] Das Dokument ist vollständig abgedruckt bei Martin 1933, 328–332.

[19] « et ayant réglé pour cette dépense un fond de Sa chatouille qui a été d'abord de 2000 florins par quartal, et qu'elle veut actuellement augmenter pour l'avenir jusqu'à 3000 fl ».

große Marmorgruppe auf einem Felsen zum Thema Glaucus und Scylla nach dem 14. Buch der Metamorphosen Ovids. Gewünscht waren zwei große Figuren und ein Amor, eine große, zentrale Fontäne, umgeben von 24 Wasser speienden Hunden oder Seeungeheuern aus Blei. Der Bildhauer erhielt Maße, Gestaltungs- und Entwurfsvorgaben und wurde zu größter Sorgfalt aufgefordert. Als Ausführungszeitraum waren vier Jahre vorgesehen, der Preis war auf 22.000 Gulden festgelegt.

Das Figurenprogramm wurde wohl, ohne dass es sich aus den Akten nachvollziehen lässt, schon bald danach abgeändert. Erst der großherzoglich badische Gartendirektor Zeyher berichtete 1809 in seinem Gartenführer,[20] dass die Bleifiguren der großen Fontäne, die Puttengruppen in den kleinen Bassins des Parterres, die beiden Putten im Vogelbad beim Panfelsen und das sogenannte Seepferd sowie das Wildschwein aus dem Nachlass des polnischen Titularkönigs Stanislaus Lesczynskis in Lunéville erworben seien, das Pfund zu 10 Sous. Der polnische Exilkönig Stanislaus Lesczynski war 1766 gestorben. Paris hatte danach das Titularkönigtum und die Hofhaltung in Lunéville sehr schnell auflösen lassen.

Der verschollene Gartenplan von 1767[21] zeigt keine Details zum großen Bassin; man findet hier jedoch erstmals vier nicht weiter bestimmte Ovalbeete an den Schnittpunkten der Querachse, der Mannheimer Allee, mit dem Zirkelschlag. Hier stehen heute die „Löwenfußvasen" Peter van den Brandtens. Egidius Verhelst wandelt in seinem 1769 veröffentlichten Plan[22] die Ovalbeete in bepflanzte Rechtecke um. Dazu betonte er die Schnittpunkte der Di-

---

[20] Zeyher & Roemer 1. Aufl. 1809, 20, 27.

[21] Heber, Abb. 133.

[22] Heber, Abb. 134.

agonalen mit dem orthogonalen Achsenkreuz mit nicht näher bestimmten Kreisen. Le Rouge zeigte dagegen in *Les Jardins anglochinois* von 1775 wieder das Parterre in der Version von 1767.

Der Arion-Brunnen

Im großen zentralen Bassin des Parterres, auf einem Tuffsteinsockel ist der Delphin mit Arion auf seinem Rücken so aufgestellt, dass das Tier an der Wasseroberfläche zu schwimmen scheint, um seinen „Passagier" trocken und sicher zu tragen. Sie bewegen sich auf das Schloss zu, der jugendliche Sänger spielt dabei die Leier. Die übergeschlagenen Beine nach rechts, sitzt er leicht nach vorn gebeugt, nahezu auf der Stirn des Tieres. (siehe Abb. 2) Das Instrument hält er mit der ausgestreckten Linken und zupft mit seiner Rechten. Er trägt nur einen langen Umhang, der sich im Fahrtwind zu bauschen scheint. Der mächtige, alte Delphin schlägt im Bogen mit seinem Schwanz über dem Wasser, seine großen Augen sind weit geöffnet, in seinem aufgesperrten, großen, bärtigen Maul steckt die zylindrische Wasserdüse der Fontäne. Vier kleine Puttengruppen, ebenfalls auf Tuffsteinsockeln montiert, umgeben in einigem Abstand Arion und den Delphin. Ihr Standort bezeichnet die Diagonalen des Parterres. Auf den Rücken von zwei Reihern und zwei Schwänen spielen Puttenkinder, sie rangeln auf und an den Vögeln, klammern sich an deren Hals. Der Wasserstrahl steigt jeweils aus dem hoch aufgereckten Schnabel. Es hat den Anschein, als ginge es nicht nur um Kinderspiel, vielmehr wirken manche Situationen bedrohlich.

Die vier kleinen von Tuffstein eingefassten runden Bassins auf der Längsachse des Parterres greifen das gleiche Thema auf: Ebenfalls auf Tuffsteinsockeln sind es zwei Seeungeheuer und zwei Schwäne, auf denen oder um die sich je zwei Puttenkinder rangeln. Die Gruppen sind dramatisch bewegt, für die Putten scheint es ein eher ernster Kampf zu sein. Mit verzerrtem, Angst erfüllten Blick könnten einige Verlierer kurz vor dem Abstürzen sein. Aus den aufgerissenen Mäulern, bzw. Schnäbeln der Tiere spritzt das Wasser.

Abb. 2: Arion mit seiner Leier auf dem Delphin (hinten) und eines von vier Puttenkindern hier mit Schwan (vorne).

Die hohe Fontäne des Arion im großen Bassin zählt zu den noch im 19. Jahrhundert bewunderten, technischen Meisterleistungen.

Nach Zeyher[23] stieg sie auf 52 Fuß auf, bei einer Strahlstärke von 5 Zoll. Die vier rahmenden Wasserstrahlen der Schwäne gibt er mit 18 Fuß Höhe an, die der kleinen Bassins in den Parterreabschnitten ebenfalls mit 18 Fuß. (Heute erzeugen niedrige, sich waagerecht drehende Düsen malerische Effekte.) Leger[24] nennt für den Hauptstrahl eine Höhe von 48 Rheinländischen Fuß bei einer Stärke von 4,5 Zoll, dazu einen Wasserdurchfluss von 150 Fuder Wasser in 12 Stunden. Die Umfassung des Bassins soll sehr kunstfertig aus einer wetterfesten, grauen Stuckmasse gearbeitet gewesen sein, sodass der Anschein von Marmor entstand.[25]

Es ist nicht bekannt, wer die Arion-Gruppe schuf. Während Leger[26] noch die Urheberschaft des französischen Bildhauers Bouchardon angibt, scheint Martins Zuweisung an Barthélémy Guibal,[27] der für Nancy auch die Brunnen der Place Stanislas schuf, aus stilistischen Gesichtspunkten eher zuzutreffen. Die Zuschreibung mittels der Stilkritik kann aber heute nur noch eingeschränkt zu einem Ergebnis führen, da die Arion-Gruppe sehr stark überarbeitet ist. Nachdem unbemerkt das innen liegende Stützgerüst zusammengebrochen war, sank die Figur in sich zusammen. Er konnte aber zu Beginn der 1990er Jahre in einer umfangreicheren Maßnahme vor der endgültigen Zerstörung gerettet werden.

Geht man von den genannten Voraussetzungen aus, wurde die Arion-Gruppe zusammen mit den anderen Bleifiguren nach dem Tod des polnischen Königs, d.h. nach 1766 und vor 1769 (der Erwähnung in den „Etrennes palatines") für Schwetzingen erworben.

---

23 Zeyher & Roemer 1809, 3. Auflage 1924, 21.

24 Leger 1928, 56.

25 Leger 1928, 57.

26 Leger 1928.

27 Martin 1933, 370. Er konnte für diese Zuschreibung keine Anhaltspunkte in französischen Akten finden. Die Herkunft aus Lunéville sieht er als gesichert an.

Nach dem sicherlich beschwerlichen Transport, galt es Transportschäden auszubessern und die Einzelteile so zu überarbeiten, dass sie in das hiesige Gartenkonzept passten. Die Figuren wurden neu arrangiert, montiert, und mit der Wassertechnik ausgestattet. Es ist bisher nicht erschöpfend geklärt, wo und wie die Figuren ursprünglich aufgestellt waren. Bei den heute noch vorhandenen Brunnen Guibals in Nancy[28] handelt es sich um barocke, hoch gestaffelte wesentlich dichtere und bewegtere Kompositionen, die das Wasserspiel zusätzlich belebt.

Die Zeitgenossen Carl Theodors scheinen von den „Ersatzbrunnen" durchaus angetan gewesen zu sein. In den „Etrennes palatines" für das Jahr 1769 ist nicht ohne Stolz erwähnt, dass die Bassins im Parterre geschmückt waren mit „groupes de plomb bronzé dont s'élance des jets d'eau; ces groupes sont d'un ouvrage dont on fait du cas." (Übersetzt: mit Figurengruppen aus bronziertem Blei, aus denen Fontänen aufschießen; diese Gruppen gehören zu einem Werk / Gesamtwerk, das man schätzt / das man für sehr bedeutend hält.)

Zur Bedeutung des Parterres

Die Schwetzinger Gartendekoration lässt sich im geistes-geschichtlichen Kontext des 18. Jahrhunderts auf mehreren, sich überlagernden und ergänzenden Bedeutungsebenen erfahren. Zunächst bietet sich dem Besucher eine nach den Regeln der Kunst formal harmonisch ausgestaltete Parkanlage.[29] Das reiche Wechselspiel verschieden angelegter Kompartimente, der vielfältige, bunte Blumenschmuck, die formal gliedernde und akzentuierende plastische De-

---

[28] Nancy, Neptunbrunnen in der nördlichen und Brunnen der Amphitrite in der südlichen Ecke der Place Stanislas, ausgeführt in Blei, Barthélemy Guibal, Platzanlage 1752 begonnen.
[29] Dezallier d'Argentville.

koration, Bassins mit unterschiedlichen Wasserspielen, stimmungsvolle Ausblicke sowie malerischen Architekturen laden zum Entdecken und Verweilen ein.

Für den humanistisch Gebildeten, in den antiken Göttersagen Kundigen, formuliert bereits die Reihe der vier Weltaltervasen[30] das Thema des Gartens gleich einer Überschrift, bzw. einer „Gebrauchsanweisung" oder „Leseanleitung". Die von Verschaffelt[31] gefertigten Schmuckvasen begrenzen die leicht erhöhte Terrasse, jeder Besucher kommt an ihnen vorbei: Auf der Nordseite beginnt das Goldene Zeitalter, erkennbar an paradiesischem Überfluss und ewiger Jugend, dargestellt durch den Korb mit Blumen und Früchten sowie blütengeschmückte jugendliche Gesichter. Das Silberne Zeitalter verlangt dagegen vom Menschen Arbeit und Aktivität, denn er muss seine Nahrung selbst beschaffen, dafür stehen Feldgerät, Ähren. Aber es gibt bereits Neid und das Streben nach Besitz, wie die Perlenkette im Haar zeigt. Das eherne Zeitalter ist vom Krieg geprägt, hier regiert Mars. Das Eiserne Zeitalter, das jetzige, stellt die niedrigste Stufe dar und wird in vollkommenem sittlichem Verfall enden. Es ist geprägt von hinterlistigen Schandtaten, Gesetzlosigkeiten und tückischer Falschheit. Dafür steht der Wolf.

Die Metamorphosen Ovids haben die „Verwandlung" zum Thema. Das erste Buch ist zunächst der Entstehung und dem Werden der Welt in vier aufeinander folgenden Weltaltern gewidmet. In diesem Sinn stehen die Vasen gleich einer kosmologischen Gruppe sinnbildlich für den Lauf der Welt in der unaufhaltsamen, unabänderbaren Abfolge. Der Mensch ist Teil dieses Ganzen. Der Gartenbesucher wird sich also von der Terrasse aus in den Park hinein zu den antiken Göttern begeben und dort von ihren Geschichten erfahren. Er kann sich an den oft allzu menschlichen Begebenheiten erfreuen.

---

[30] Dazu: Bauer 1992, 25 ff. und Batz 1967.

[31] Dazu: Hofmann 1982.

Darüber hinaus regen sie zum Nachdenken an, indem sie ihn mit den ethischen Prinzipien des menschlichen Lebens konfrontieren.

Vergil stellt in der Vierten Ekloge der Bukolika zusätzlich ein fünftes, ein Goldenes Weltalter in Aussicht. Der Mensch muss für sein Auskommen selbst sorgen, jedoch unter redlichen Bedingungen sowie einer friedlichen, gerechten Herrschaft. Mit der Geburt eines Knaben werde dieses Goldene Zeitalter wiederkehren. Der Sonnengott Apollo werde dann die Herrschaft übernehmen. Diese Vorstellung fand auch in die christliche Gedankenwelt unter Kaiser Konstantin Eingang, als Prophezeiung der Ankunft des Erlösers; das Kind bezeichnete er bereits als Sohn Gottes.[32] In der Folgezeit gab es mehrere Analogien europäischer Herrscher, auch Ludwig XIV. ließ sich in einer solchen Hymne als Sonnengott feiern.[33] Die Schwetzinger Vasen zeigen nur vier Weltalter, denn das fünfte ist im Kosmos des Schlossgartens angebrochen.

Die Geschichte des Arion

Vor diesem Hintergrund lässt sich auch das große Bassin lesen. Die Literatur des 18. Jahrhunderts gibt die Geschichte Arions etwa folgendermaßen wieder: Arion „war ein unvergleichlicher Musikant seiner Zeit".[34] Er spielte vornehmlich die Leier und sang. Damit erwarb er sich ein beträchtliches Vermögen durch sein Musizieren am Hofe König Perianders zu Corinth, wie auch in anderen griechischen Städten. Er wollte in seine Heimat zurück und begab sich auf

---

32 Eusebius, Bischof von Cäsarea hatte den Text ins Griechische übersetzt, den Kaiser Konstantin auf seiner Karfreitagspredigt auf dem Konzil von Nicäa im Jahr 325 vortrug. Siehe dazu: Bauer 1992, 25 ff.

33 1638 *Tommaso Campanella Ecloga in Principis Galliarum Delphini nativitatem Vaticinis et Divinis et Humanis Celeberimam*, in: T. Campanella: *Poesie. A cura di Giovanni Gentile*, Bari 1915, zitiert in: Bauer 1992, 12.

34 Die Legende Arions nach Benjamin Hederich: *Gründliches mythologisches Lexikon*, Leipzig 1724, zweite überarbeitete Version von Joachim Schwaben, Leipzig 1770, Facsimile-Ausgabe Darmstadt 1967, Arion: 417- 418.

ein Schiff. Im Traum warnte der Gott Apollo den Sänger, auf der Überfahrt werde man ihn überfallen. Arion solle sich jedoch des Schutzes derjenigen bedienen, die sich zeigen würden. Nachdem während der Fahrt tatsächlich die Mannschaft über Arion hergefallen war, bat er sie, noch ein letztes Lied spielen zu dürfen. Daraufhin versammelte sich eine große Anzahl Delphine um das Schiff, und weil Arion glaubte, dass sie diejenigen seien, die Apollo ihm im Traum angekündigt habe, sprang er mit seiner Leier ins Meer. Ein Delphin nahm ihn auf den Rücken und brachte ihn an Land. Arion vergaß aber, dem guten Delphin wieder ins Wasser zurück zu helfen, sodass dieser sterben musste. Als Periander dies hörte, ließ er den verstorbenen Delphin begraben, und ihm ein Grabmal errichten, die Räuber ließ er suchen und zur Strafe töten. Der Delphin wie auch die Leier wurden zum Andenken ans Firmament, mitunter die Sterne versetzt.

Das große Bassin ist zunächst den Künsten, insbesondere der Musik, gewidmet – dargestellt durch den besonders begabten Sänger und Musikanten Arion. Die vier kleineren Fontänen mit den Wasservögeln rahmen und bereichern die Gruppe zu einer Inszenierung im Wasser. Der Schwan galt in der Antike als Tier des Apollo. Trotz der sehr dramatischen Geschichte bleibt die Komposition ausgewogen und ruhig, das Wasser bildet eher eine Hintergrundfolie, die Fontänen steigen senkrecht auf. Die kleinen Bassins des Parterres zeigen ebenfalls Wassertiere mit Putten und erweitern so das Szenarium zu einer Art Gesamtdarstellung. Da Carl Theodor sich in Schwetzingen, in seiner Sommerresidenz, mit Vorliebe der Musik- und den Theateraufführungen widmete, interpretierte man den Arion als Aussage des Kurfürsten, er sähe sich vorrangig als Musenfürst denn als Staatsmann.

Die Geschichte des Arion lässt sich darüber hinaus auf christlich-mystischer Bedeutungsebene verstehen; dabei könnte Apollo für Christus stehen. Das Bild liest sich etwa so: Apollo warnte Arion und kündigte ihm Rettung an: Gott verhieß den Menschen Rettung von der Erbsünde durch den „Messias". Der nicht von allen als Retter erkennbare, von Apollo gesandte Delphin = Fisch = (Gr.) "ICHTHUS" = Christus rettete Arion indem er selbst sein Leben dafür gab. Christus, Gottes gesandter Sohn, der nur von den Gläubigen als der verheißene Messias erkannt wurde, starb zur Errettung der Menschen. Der Delphin erhielt ein neues Leben, er wurde als Sternbild ans Firmament geholt in Analogie zur Auferstehung und Himmelfahrt Christi und dem verheißenen ewigen Leben. Die Arion-Gruppe thematisiert somit die Rettung des sündigen Menschen durch den Opfertod Jesu Christi und die von Gott verheißene Auferstehung und das ewige Leben. Bekräftigt wird die Aussage durch die rahmenden Gruppen. Schwanengesang wird mit dem Hosianna vor der Kreuzigung verglichen.[35] Der Kranich oder Reihervogel galt als Symbol des vorbildlichen Christen.[36] Man hielt ihn für sehr verständig, da er nur ein einziges Nest habe, auch kein Aas fresse. Der Gläubige solle sich ein Beispiel nehmen und bei seiner Wohnstatt in der Kirche Christi bleiben, wo ihm das himmlische Brot zuteilwerde.[37] Die Literatur des 18. Jahrhunderts selbst[38] gibt dazu auch noch eine christlich-moralisierende Deutung. Sie lautet wörtlich: „Sein Exempel [das Beispiel des Arion] soll erweisen, dass Gott alle Bosheiten strafe, und auch unvernünftige Tiere der Bösen Ankläger, hingegen der Frommen Erhalter seyn müssen, auch Gott die Wohltat selbst angenehm sey, welche den Frommen erwiesen werde, nach dem als der Delphin für seine dem Arion erwiesenen Dienste, endlich selbst an den Himmel versetzt worden."

---

[35] LCI 4, 134.

[36] Physiologus, 89, Nr. 47; dort zit. Psalm 104, 17: „Des Reihers Nest überragt die anderen".

[37] Joh. 6:32.

[38] Hederich 1770, 418. Die moralisierenden Deutungen entstammen unverändert der ersten Auflage.

Für den eingeweihten Besucher des 18. Jahrhunderts eröffnet sich darüber hinaus eine weitere große Bedeutungsebene vor dem Hintergrund der freimaurerischen Ritualistik.[39] Man kann davon ausgehen, dass die meisten Gartenbesucher zur Zeit Carl Theodors den Garten auch auf dieser Ebene „lesen” konnten, gehörten doch der größte Teil des Adels, der Gebildeten und der Künstler dieser Bewegung an. Die freimaurerische Symbolik des 18. Jahrhunderts erweist sich als sehr vielschichtig. Mannigfaltige Wurzeln fanden ihren Niederschlag: Dazu zählt der Humanismus der Renaissance und dessen von der Antike inspirierte theosophische Kosmologie.[40] Neben neuplatonischen kommen esoterische, christlich-mystische Gedanken zum Ausdruck. Dazu erweist sich das in den Freimaurerlogen tradierte Brauchtum der mittelalterlichen Bauhütten von Bedeutung. Schließlich entwickeln sich innerhalb der Freimaurerei unterschiedliche Systeme mit jeweils eigener Charakteristik, wie z.B. die Strikte Observanz des Freiherrn von Hund mit einem ritterlichen Hochgradsystem ab der Mitte des Jahrhunderts, die alchemistischen Gold- und Rosenkreuzer, in den 1770er Jahren die ägyptomanischen Afrikanischen Bauherren und in den 1780er Jahren die aufklärerischen Illuminaten. Die Inhalte mehrerer dieser freimaurerischen Systeme verbergen sich in allen Bereichen des Gartens, in der formalen Struktur der gesamten Anlage, im Figurenprogramm des französischen Gartenteils sowie im Landschaftsgarten und den Gartenarchitekturen.[41] Dabei werden kaum direkte Symbole verwendet,

---

[39] Die Erforschung der westlichen Esoterik wie auch der Freimaurerei entwickelten sich im Rahmen der Religionswissenschaften zu eigenständigen wissenschaftlichen, akademischen Fachgebieten. Lehrstühle für Freimaurerei gibt es an den Universitäten von Sheffield, Brüssel und Leiden, für westliche Esoterik einschließlich der Freimaurerei an den Universitäten von Paris und Amsterdam.

[40] Siehe dazu Hanegraaff 2005 und Szenec 1980.

[41] Als *Französischen Garten* bezeichnet man eine formal strenge Gartenanlage im Gegensatz zum naturnachahmenden *Englischen Garten*. Beides sind grundlegende Ausprägungen der traditionellen europäischen Gartenarchitektur.

vielmehr sollen Allusionen erzeugt werden. Damit lassen sich Inhalte vor nicht eingeweihten Besuchern verbergen und nur den „Wissenden" mitteilen. Dem Betrachter eröffnen sich entsprechend seines individuellen Wissensstands, d.h. des Grades seiner Initiierung, tiefere Bedeutungshorizonte. Die Erforschung dieser überaus komplexen Phänomene im Schwetzinger Schlossgarten steht noch am Anfang.[42]

Die erweiterte Lesart der Gartenausstattung wurde dem Besucher bereits auf der Terrasse vorgeschlagen, denn es war jedem gebildeten und belesenen Freimaurer der Epoche klar, dass gleichzeitig mit dem Aufstieg der Freimaurerei nun auch Astraea wiedergekehrt und damit das neue Goldene Zeitalter angebrochen war.[43] In diesem Kontext könnte das Verbrechen an Arion auf die Hirams-Legende anspielen, die für die Freimaurerei von zentraler Bedeutung ist: Hiram Abiff, der Baumeister des Tempel Salomos, wurde Opfer einer Verschwörung von einigen seiner Gesellen. Sie wollten sich aus Unzufriedenheit das Meisterwort auch mit Gewalt beschaffen. Drei von ihnen lauerten Hiram Abiff nach seinem Gebet im Tempel auf, konnten ihm aber das Meisterwort nicht abzwingen. Daraufhin schlug einer mit einem vierundzwanzigzölligen Maßstab auf ihn ein, der nächste mit einem Winkelmaß und der dritte tötete ihn schließlich mit einem schweren Hammer. Die Attentäter verscharrten den Leichnam in einer Grube und kennzeichneten die Stelle mit einem Cassiazweig. Nachdem der Baumeister bei der Arbeit vermisst worden war, bereuten die übrigen Verschwörer zutiefst, was geschehen war. König Salomo befahl den reuigen Männern, den Leichnam zu

---

42 Die im folgenden aufgezeigten Ergebnisse resultieren aus gemeinsamer, interdisziplinärer Forschungsarbeit, die hier im Namen der beiden weiteren Beteiligten, Dr. Andréa Kroon, Den Haag und Dr. Jan Snoek, Heidelberg, vorgestellt werden.

43 Yates 1975 und Yates 1972.

suchen und auch das verloren gegangene Meisterwort wieder zu finden. Sie sollten den Leichnam Hiram Abiffs aufnehmen und würdig bestatten. Die Männer beschlossen, das erste gesprochene Wort künftig als Meisterwort zu benutzen. Es gelang ihnen den bereits verwesenden Körper Hiram Abiffs aufzuheben. Sein Leichnam wurde im Allerheiligsten bestattet.

Zum einen leitet sich die Zeremonie der Meistererhebung aus diesem Mythos ab. Darüber hinaus steht die Geschichte des Baumeister Hiram Abiff als sinnbildliche Entsprechung für Jesus Christus, dessen Tod und Auferstehung und das von Gott in Christus verheißene ewige Leben. Für Freimaurer ist die Parallele zwischen der Verschwörung gegen Hiram Abiff und der Verschwörung gegen Arion offensichtlich. Beide Geschichten kommen dazu noch auf einer christlichen Interpretationsebene zusammen. Der zentralen Bedeutung dieses Mythos für die Freimaurerei entspricht die zentrale Stellung des Arion im Schwetzinger Garten.

Die Darstellung des sitzenden, jugendlichen Leierspielers, den Tiere umgeben, erinnert aber auch an den bereits in der Antike bekannten Darstellungstypus des Orpheus.[44] In der mythologischen Literatur des 18. Jahrhunderts[45] wurde Orpheus als Sohn des Apollo und der Kalliope oder des Königs Ocargus und der Polihymnia bezeichnet. Dazu war er ein begnadeter Leierspieler, der mit seiner Musik die Tiere, Blumen, Bäume und Felsen verzauberte. Apollo selbst hatte ihm die Leier gegeben, die mit neun, anstatt sieben Saiten bespannt war. Seine Musik öffnete Orpheus sogar die Türen zur Unterwelt, wo man ihm seine verstorbene Frau Eurydike zunächst zurückgab. Als er jedoch die Weisungen der Götter nicht befolgte und sich nach ihr umdrehte, verlor er sie für immer. Er starb keines natürlichen

[44] LCI III, 356.
[45] Hederich 1770, 1809-1820.

Todes: Jupiter soll ihn erschlagen haben, da er die heiligen Geheimnisse der Einweihung an die Menschen weitergab, oder thrakische Frauen sollen ihn auf Wunsch der Götter zerrissen haben, da er deren Weisungen nicht folgte.

Im frühen Christentum galt Orpheus als Präfiguration Christi, der umgeben von Tieren die Leier spielte. Im frühen Mittelalter wurde er deshalb auch als Guter Hirte dargestellt. Orpheus kam besonders in der Renaissance und vor allem in den neuplatonischen Spekulationen des Marsilio Ficino eine besondere Bedeutung zu.[46] Der von Tieren umgebene, jugendliche, sitzende Leierspieler konnte auch für den jugendlichen David stehen.[47] Der Hirtenjunge David vermochte so zauberhaft die Leier zu spielen, dass sogar die wildesten Tiere zahm wurden; deshalb war er auch zu König Saul gerufen worden, der immer wieder von bösartigen Stimmungen befallen wurde, weil Davids Leierspiel den kranken König beruhigen konnte. Die Titelbilder von Psaltern, Bibeln, Gebets- oder Gesangsbücher zeigen häufig den königlichen Sänger, wie er die Leier spielt. Auch David wurde als eine Präfiguration Christi gesehen.[48] Darüber hinaus gibt es Parallelen zwischen Orpheus und David, der antike Orpheus konnte wiederum auch als Präfiguration des David gesehen werden.

Der König David hat für Freimaurer eine spezifische Bedeutung, da er in Jerusalem den ersten Tempel zu bauen beabsichtigte und von Gott die Baupläne empfing.[49] Nach Gottes Willen sollte jedoch erst Davids Sohn, König Salomo, nach der Beendigung der Wanderschaft des Volkes Israel den ersten steinernen Tempel errichten lassen.[50] Gleich den Steinmetzen, die eine Kathedrale erbauen, arbeiten

---

[46] Wind 1980, dazu auch Anm. 29.

[47] LCI I, 478 ff.

[48] LCI I, 479.

[49] 1. Chron. 28:19.

[50] 1. König 6.

die Freimaurer durch richtiges Handeln und Streben symbolisch am ideellen Tempel, dem „temple de la sagesse et de la vertue".

Die begnadeten Sänger und Musikanten Arion, Orpheus und David zählten zu den „Wissenden", denen sich die universalen göttlichen Prinzipien der Weltordnung in den Harmonien der Musik offenbarten. (Sie zählt zu den „sieben freien Künsten" und gehört dort zur Gruppe des Quadrivium, zusammen mit der Arithmetik, der Geometrie und der Astronomie.) Das göttlich inspirierte Musizieren der drei „initiierten" Musikanten konnte daher Außergewöhnliches bewirken, auch Naturgesetze überwinden. Den Sängern ermöglichten die tieferen Einsichten, sich dem Göttlichen auf einer höheren Ebene des Wissens zu nähern. Aber auch den Zuhörern eröffneten sich durch das Hören der Musik, d.h. durch das Erfahren und Erleben der universalen Prinzipien Gottes, tiefere Einsichten.

Die Anspielung auf die außergewöhnliche Bedeutung der Musik am Schwetzinger Hofe für die ausgewählten Zuhörer ist wie der Vergleich Carl Theodors mit den von Gott begnadeten, initiierten Musikanten offensichtlich. Im Vergleich Carl Theodors mit dem weisen König David, erhält ein weiterer Aspekt des herrscherlichen Selbstverständnisses Carl Theodors Ausdruck.

Die formale Gestaltung des Brunnens wird diesem breiten Spektrum übereinander liegender Bedeutungsebenen durchaus gerecht. Das runde Wasserbassin mit der glatten Wasseroberfläche bildet als Hintergrundfolie den „Spiegel". Nach den kosmologischen Vorstellungen des Mittelalters ist die Schöpfung als Spiegel des göttlichen Schöpferwillens zu verstehen. Im Spiegel der Natur (speculum naturale) schaut der Mensch, den Gott selbst als sein Spiegelbild schuf, die Welt des Heils. Arion und seine Begleiter, dazu zählen auch die Figuren in den kleinen Bassins des Parterres, sind vereinzelt, ohne Interaktionen dargestellt. Die Einzelgruppen können je nach „Bedeutungsschlüssel" zwar stets zusammen, jedoch in veränderter Gewichtung gelesen werden. Die Intention des Brunnens besteht nicht darin, auf spannende Art eine einmalige, dramatische Episode aus dem Leben der antiken Götter zu erzählen. Vielmehr möchte das gesamte Parterre beim Gartenbesucher Allusionen erzeugen, bei ihm Bilder, Gedanken und Wissen wachrufen.

Nicolas Pigage

Die Konzeption des bildnerischen und architektonischen Schmucks des Schwetzinger Parks ist ohne Einschränkung das Werk von Nicolas Pigage.[51] In den Quellen liest sich seine akademische Laufbahn kurz: 1723 in Nancy geboren wurde er um 1743 zunächst Schüler an der Pariser *École militaire*, ab 1744 an der Pariser *Académie Royale d'architecture*. 1746 erhielt er zwei Medaillen. 1759 bewarb sich Pigage um eine korrespondierende Mitgliedschaft, die man ihm 1763 gewährte. In den Procès Verbaux lassen sich seine Kontakte bis 1788 nachweisen. Im Januar 1781 hatte Pigage in Paris ein Buch über den Englischen Landschaftsgarten in Schwetzingen angekündigt, das leider nie erschien.[52] Im Januar 1783 ließen die versammelten Mitglieder Pigage bitten, ihnen einen „plan démonstratif des jardins qu'il fait à Mannheim" zu senden.[53] Ob Pigage Holland, Frankreich, Italien und England erst im Dienst des Kurfürsten bereiste, lässt sich nicht nachvollziehen.

Von Anfang an setzte der Kurfürst großes Vertrauen in die Arbeit seines Gartenarchitekten, was sich auch in dessen Beförderung zum „Premier Architecte de Son Altesse Serenissime Palatine" ausdrückte. Nach dem Wegzug des Hofes nach München führte Pigage seine Arbeit eigenverantwortlich weiter. Pigage stand 47 Jahre im Dienst Carl Theodors, als er am 30. Juli 1796 verstarb.

---

[51] Lebenslauf aus: Heber 1982, 1-5.

[52] Dazu: Heber 1982, Anm. 1086.

[53] Heber 1982, 482.

Dennoch hatte sich Carl Theodor wohl stets persönlich um die Arbeiten im Garten gekümmert. Aus den relativ wenigen, überkommenen Schriftstücken geht hervor, dass ihm die Planungen stets vorgelegen haben, und die Ausführungen nach dem Wunsch des Kurfürsten genehmigt waren. Wie sehr Carl Theodor am Thema Gartengestaltung interessiert war, zeigt auch eine Begebenheit vom 9. Juli 1770. An diesem Tag war der Kurfürst über Weilimdorf auf die Solitude[54] gereist, und dort vor dem Wirtshaus abgestiegen, da er persönlich „incognito" die Solitude besuchen wollte. Herzog Carl Eugen von Württemberg,[55] der seinerseits gerade einen Ausflug machte, war jedoch vom nahenden Besuch unterrichtet worden. Nachdem man den Kurfürsten wunschgemäß ignoriert und ihm drei Stunden lang alles hatte zeigen lassen, empfing man ihn zu einer Tasse Kaffee. Nachdem sich die beiden Herrscher zum Abschied umarmt hatten, sei der Kurfürst gut gelaunt nachhause gefahren.[56]

Die hier vorgetragenen Ergebnisse entstanden aus gemeinsamer Forschung zusammen mit Prof. Dr. Jan Snoek. Dabei wurde deutlich, wie notwendig es ist, den zeitgenössischen philosophischen Hintergrund des 18. Jahrhunderts in seinen vielfältigen Fassetten mit in die Überlegungen einzubeziehen und die Phänomene aus verschiedenen Perspektiven zu beleuchten. Der weiteren fächerüber-

---

[54] Auf einer Anhöhe weit vor der Stadt Stuttgart ließ sich Carl Eugen von Württemberg ab 1763 ein Schloss planen, das 1764 begonnen wurde. Es gilt als persönlichste Schöpfung des Herzogs. Ab 1767 wurde der Schlossgarten mit zahlreichen kleineren und größeren Bauten vollendet. Als sich Carl Eugen 1776 entschloss, in Hohenheim einzuziehen, begann bereits wieder der Niedergang der Anlage. Mehrere Gebäude wurden transloziert.

[55] Herzog Carl Eugen von Württemberg 1737-1793. Indem er Stuttgart als Residenzstadt wählte, verhalf er der Stadt zu ihrem barocken Höhepunkt. Ab 1747 ließ er das Neue Schloss in Stuttgart erbauen.

[56] Von Ziegesar 1911, 194; auszugsweise zitiert in: *Mannheimer Geschichtsblätter* 1921, 93.

greifenden Erforschung des Schwetzinger Schlossgartens, auch unter Einbeziehung der Naturwissenschaften, gebührt daher oberste Priorität.

<u>Bibliographie (Auswahl):</u>

Batz 1967 G. Batz: *Weltalter – goldene Zeit und sinnverwandte Vorstellungen*, Hildesheim 1967.

Bauer 1992 H. Bauer: *Barock, Kunst einer Epoche*, (Reimer) Berlin 1992.

Curl 1991 J.S. Curl: *The Art and Architecture of Freemasonry. An Introductory Study*, (Batsford) London 1991.

Gamer 1970/71 J. Gamer: „Schloss und Park der kurpfälzischen Sommerresidenz zu Schwetzingen im 18. Jahrhundert", in: *Kunstgeschichtliche Gesellschaft zu Berlin, Sitzungsberichte*, N.F. 19 (1970/71) 11-17.

Hagenmaier 1977 O. Hagenmaier: *Der Goldene Schnitt. Ein Harmoniegesetz und seine Anwendung*, München, 4. Aufl. 1977.

Hanegraaff 2005 W.J. Hanegraaff: "Western Esotericism and the Status of the Image", in: A. Kroon, M. Bax & J. Snoek (Hg.): *Masonic and Esoteric Heritage. New Perspectives for Art Heritage Policies*, (OVN) The Hague 2005, 9-22.

Hansmann 1983 W. Hansmann: *Gartenkunst der Renaissance und des Barock*, Köln 1983.

Hartmann 1981 Günter Hartmann: *Die Ruine im Landschaftsgarten*, Worms 1981.

Heber 1986 Wiltrud Heber: *Die Arbeiten des Nicolas de Pigage in den ehemals kurpfälzischen Residenzen Mannheim und Schwetzingen*, 2 Bde., (Wernersche Verlagsgesellschaft) Worms 1986.

Hederich 1770 Benjamin Hederich: *Gründliches mythologisches Lexikon*, Leipzig 1724, zweite überarbeitete Ausgabe von Joachim Schwaben, Leipzig 1770, Faksimile-Ausgabe Darmstadt 1967.

Hofmann 1982 Eva Hofmann: *Peter Anton von Verschaffelt, Hofbildhauer des Kurfürsten Carl Theodor in Mannheim*, Diss. Mannheim 1982.

Kultermann 1968 U. Kultermann: *Gabriel Grupello*, (Deutscher Verlag für Kunstwissenschaft) Berlin 1968.

Le Forestier 1914 R. le Forestier: *Les Illuminés de Bavière et La Franc-Maconnerie Allemande*, Paris 1914, Faksimile-Ausgabe (Slatkine-Megariots Reprints) Genève 1974.

Martin 1933 K. Martin: *Die Kunstdenkmäler des Amtsbezirks Mannheim, Stadt Schwetzingen*, (C.F. Müller) Karlsruhe 1933.

Leger 1828 T.A. Leger: *Führer durch den Schwetzinger Garten*, Hrsg. von Karl von Graimberg, Mannheim 1828.

LCI *Lexikon der Christlichen Ikonographie*. Hrsg. von E. Kirschbaum SJ in Zusammenarbeit mit G. Bandmann, W. Braunfels, J. Kollwitz, W. Mrazek, A.A. Schmid, H. Schnell (Herder) Rom, Freiburg, Basel, Wien 1994.

Mosser & Teyssot 1990 M. Mosser & G. Teyssot: *Die Gartenkunst des Abendlandes. Von der Renaissance bis zur Gegenwart*, (Deutsche Verlags-Anstalt) Stuttgart 1993. (Elemond Editori Associati) Milano 1990.

Von Naredi-Rainer 1994 P. von Naredi-Rainer: *Salomos Tempel und das Abendland. Monumentale Folgen historischer Irrtümer*, (Du Mont) Köln 1994.

Physiologus *Griechisch / Deutsch.* Übersetzt und hrsg. von O. Schönberger, (Philipp Reclam jun.) Stuttgart 2001.

Rave 1951 P.O. Rave: *Gärten der Barockzeit. Von der Pracht und Lust des Gartenlebens*, Stuttgart 1951.

Rave & Ortwin 1941 P.O. Rave & Paul Ortwin: *Gärten der Goethezeit. Vom Leben in Kunst und Natur*, Leipzig 1941.

Szenec 1980 J. Szenec: *Das Fortleben der antiken Götter. Die Mythologische Tradition im Humanismus und in der Kunst der Renaissance*, München 1990 (La Survivance des Dieux antiques, Paris 1980).

Terner 2001, Ursula Terner: *Freimaurerische Bildwelten. Die Ikonographie der freimaurerischen Symbolik anhand von englischen, schottischen und französischen Freimaurerdiplomen*, (Michael Imhof Verlag) Petersberg 2001.

Von Buttlar & Meyer 1996 A. Von Buttlar & M.M. Meyer (Hrsg): *Historische Gärten in Schleswig Holstein*, Heidelberg 1996.

Von Ziegesar 1911 E. von Zigesar: *Tagebuch des Herzoglich-Württembergischen Generaladjudanten Freiherrn von Buwinghausen-Wallmerode über die Land-Reisen des Herzogs Carl Eugen von Württemberg in der Zeit von 1767 bis 1773.* Hrsg. im Auftrag des württembergischen Geschichts- und Altertumsvereins, Stuttgart 1911.

Werhahn 1999 M.C. Werhahn: *Der kurpfälzische Hofbildhauer Franz Conrad Linck (1730-1793). Modelleur der Porzellanmanufaktur Frankenthal, Bildhauer in Mannheim*, (Neusser Druckerei und Verlag GmbH) Neuss 1999.

Wind 1980 E. Wind: *Pagan Mysteries in the Renaissance*, (Oxford University Press) Oxford u.a. 1980.

Yates 1972 F.A. Yates: *The Rosicrucian Enlightenment*, (Routledge & Kegan Paul) London & Boston 1972.

Yates 1975 F.A. Yates: *Astraea: The Imperial Theme in the Sixteenth Century*, (Routledge & Kegan Paul) London & Boston 1975.

Zeyher & Roemer 1809 J. Zeyher & G.C. Roemer: *Beschreibung der Gartenanlage zu Schwetzingen*, (Schwan und Götzische Buchhandlung) Mannheim 1809.

Nadine Klein

Magistra Artium
Heidelberg

Jahrgang 1978. Sie studierte Archäologie, Kunstgeschichte und vergleichende Religionswissenschaft an der Ruprecht-Karls-Universität in Heidelberg. Dort kreuzten sich ihre Wege mit Prof. Dr. Jan Snoek, was ihr Interesse an der Freimaurerei vertiefte.

Ihr Studium beendete sie 2006 mit der Magisterarbeit über Schaftlochäxte als männliches Statussymbol im 3. Jahrtausend v. Chr.

Eines ihrer Lieblingsforschungsgebiete sind die Religionen der Antike, besonders die Mysterienreligionen, die Gnosis sowie der Schamanismus und Wicca.

Seit 2006 ist sie Gästeführerin der Staatlichen Schlösser und Gärten Baden-Württemberg und übernimmt Führungen in Mannheim, Heidelberg und durch den Schwetzinger Schlossgarten und das Schloss. In den Jahren 2007/2008 hat sie im Zuge des ersten Antrages auf das UNESCO Welterbe die Sonderführung »War Carl Theodor ein Freimaurer? – Eine Spurensuche im Schwetzinger Schlossgarten« durch den Schlossgarten in Schwetzingen durchgeführt.

Seit 2011 ist sie Mitglied der femininen Freimaurerloge *Unitas* im Orient Mannheim und bekleidete verschiedene Ämter.

Seit 2018 bietet sie ebenfalls Führungen in der Pfalz an.

Der Schwetzinger Schlossgarten im Spiegel antiker Mythologie und westlicher Esoterik

von Nadine Klein

Der Schwetzinger Schlossgarten hat sein heutiges Erscheinungsbild dem Kurfürsten Carl Theodor sowie seinem Baumeister Nicolas de Pigage zu verdanken. Von beiden wissen wir nicht genau, ob sie tatsächlich Freimaurer waren, da beide Zitate, die dies für Carl Theodor belegen entweder bei einem Brand zerstört wurden oder verschollen sind. Wenn wir allerdings als aufmerksamer Betrachter mit dem nötigen Wissen durch den Schwetzinger Schlossgarten gehen, kann nicht alles, was wir sehen, Zufall sein. Zunächst möchte ich den Kurfürsten Carl Theodor näher vorstellen.

Carl Theodor (1724-1799), ein Wittelsbacher aus dem Geschlecht Pfalz-Sulzbach, wurde 1724 auf Schloss Drogenbosch bei Brüssel geboren. Dort wuchs der junge Prinz bei seiner Urgroßmutter auf.

Als alle männlichen Nachkommen aus der Linie Pfalz-Neuburg von Carl Phillip (1661-1742) verstarben, sah dieser sich gezwungen den fremden Prinzen an den Hof in Mannheim zu holen, um ihn hier erziehen zu lassen. Dies übernahm im Großen und Ganzen Pater Seedorf in dessen Palais wir heute stehen. Carl Theodors Muttersprache war demnach Französisch. Als er nach Schwetzingen kam lernte er auch Deutsch, um sich mit seinen Untertanen unterhalten zu können. Er konnte italienisch, da er auch als Fürst die italienische Hofoper verstehen sollte. Latein konnte er zudem so gut, dass er lateinische Autoren am Rand korrigiert hat. Daneben lernte er auch noch Englisch, womit er seiner Zeit weit voraus war. Gegenüber seinem Vorgänger, der noch tief im Absolutismus verwurzelt war, öffnete er sich den Gedanken der Aufklärung sehr.[57]

---

[57] vgl. S. Mörz, Aufgeklärter Absolutismus in der Pfalz während der Mannheimer Regierungszeit des Kurfürsten Karl Theodor (1742-1799), (Stuttgart 1991).

Wir wissen auch von ihm, dass er jeden Tag um 6.00 Uhr aufstand, die ersten Regierungsgeschäfte erledigte, um dann bis zum Frühstück zu lesen. Deshalb müssen wir u.a. davon ausgehen, dass er das Wissen seiner Zeit parat hatte. Dies spiegelt sich ebenso in seinem Schlossgarten wider. Dort finden wir von jeder bekannten Kultur einen kleinen Anteil. Außerdem sehr viel aus der griechischen und römischen Mythologie. Bei den Begrifflichkeiten wird im Schlossgarten immer die latinisierte Variante wiedergegeben.

Carl Theodor gründete 1763 die kurpfälzische Akademie der Wissenschaften, die in der Tradition der Royal Society in London oder der Academie de Sciences in Paris steht. Es gab von Anfang an eine historische Klasse, sowie eine physikalisch-naturwissenschaftliche Klasse. Später kam noch mit den Mannheimer Stunden eine meteorologische Sektion hinzu.[58] Neben experimenteller Physik sind vor allem Erkenntnisse in der Astronomie zu nennen. Neben der Musik und den Künsten förderte er sowohl die noch in den Kinderschuhen befindlichen Naturwissenschaften als auch die Geisteswissenschaften.

Ein besonderes Augenmerk ist auf die frühe »Denkmalpflege« am Hofe von Carl Theodor zu lenken. Neben einem Erlass von 1749, bei dem die Untertanen aufgefordert wurden Denkmäler und archäologische Funde zu melden und gegebenenfalls gegen Bezahlung an den Hof auszuliefern, ist vor allem die Fragebogenaktion des Jahres 1771 hervorzuheben. Dieser Fragebogen wurde an alle kurpfälzischen Ober- und Unterämter verschickt und es wurden folgende Begebenheiten abgefragt: Name des Gewässers, das durch den Ort fließt, stehende Gewässer, Umfang der Gemarkung und Flurnamen, Lage der Fluren und Gewann-Namen, gegebenenfalls Einzelhöfe,

---

[58] vgl. K. Budde: Die naturwissenschaftlichen Interessen des Kurfürsten. In: A. Wieczorek, H. Probst, W. König (Hrsg.): Lebenslust und Frömmigkeit Kurfürst Carl Theodor (1724-1799) zwischen Barock und Aufklärung. (Mannheim 1999).

Mühlen und Schlösser, Reste oder Spuren aufgelassener Siedlungen auf der Gemarkung, den Zehntherren des Gebietes, dem Kirchenpatron, der Diöszesezugehörigkeit, den vorhandenen Altertümern (unterschieden nach Steinen, Inschriften und Statuen) und schließlich den Gerichtsverhältnissen.[59]

Ein gesteigertes Interesse an der Antike, die durch die Mythologie ohnehin im 18. Jhdt. sehr beliebt war, kann an den Exkursionen der Akademie der Wissenschaften verdeutlicht werden. Die erste offizielle Reise der Akademie ging auf Wunsch des Vorsitzenden Schöpflin in die Kaiserpfalz Ingelheim mit Stationen in Worms, Odernheim und Mainz, wo man römische Inschriftensteine sowohl abschriftlich als auch zeichnerisch aufnahm.[60]

Neben der Antike hatte Carl Theodor auch nachweislich ein gesteigertes Interesse an England. Das Badhaus wurde im Stil des Palladianismus erbaut, dieser Stil wurde nach antikem Vorbild in England entwickelt und hat sich dann im Zuge der Ausbreitung des englischen Landschaftsgartens auch auf dem Kontinent verbreitet. Im Badhaus stehen z.B. Wedgewood-Vasen auf den Kaminsimsen, diese wurden in Europa eigentlich erst im Zeitalter des Empire beliebt. Daran kann man u.a. fassen, dass Carl Theodor seiner Zeit weit voraus und sehr weltoffen war. Dies spiegelt sich in seinem Garten ebenfalls wider. Der erste Plan des Gartens stammt von Petri aus dem Jahre 1753. Ab 1762 übernahm Nicolas de Pigage die

---

[59] vgl. S. Ruckert. Kurfürst Carl Theodor und die Archäologie in der Pfalz im 18. Jhd. In: Der Pfälzer Apoll - Kurfürst Carl Theodor und die Antike an Rhein und Neckar (Mainz 2007).

[60] vgl. M.J. Klein: Die erste Reise der Kurpfälzischen Akademie der Wissenschaften 1764 und die Erforschung römischer Steininschriften in Worms und Mainz. In: Der Pfälzer Apoll - Kurfürst Carl Theodor und die Antike an Rhein und Neckar (Mainz 2007).

Bauleitung des Gartens, wobei er Petris Plan im Wesentlichen beibehielt. Zuerst wurde der Bereich um die Orangerie erbaut, dann ab 1765 die Südliche Angloise mit dem Minervatempel und den beiden Bosketten, die 1771 vollendet waren. Danach wurde der Garten durch Kanäle eingefasst. Im Zuge dieser Maßnahme wurde schließlich das große Abschlussbassin 1766 fertig gestellt, der Privatgarten von Carl Theodor, um das Badhaus herum, um 1770 begonnen und mit dem benachbarten Naturtheater 1775 vollendet. Bereits ab 1774 wurde der türkische Garten westlich des Obstgartens erwähnt.[61]

Ab 1774 wird außerdem von den ersten Arbeiten am Landschaftsgarten berichtet. Das Besondere am Schwetzinger Schlossgarten ist, dass beide Gartenstile, der formal französische sowie der englische Landschaftsgarten miteinander harmonieren und man nicht den einen zu Gunsten des anderen opferte, sondern beide Stile nebeneinander bestehen ließ. Carl Theodor schickte seinen jungen Gärtner Friedrich Ludwig von Sckell auf einen mehrjährigen Studienaufenthalt nach England. Danach legte er den Englischen Landschaftsgarten mit Tempel der Botanik und Römischer Wasserleitung an. Ebenfalls erst 1778/79 wurde das Arborium Theodoricum angelegt, zu einer Zeit als Carl Theodor bereits in München weilte. Der Merkurtempel wurde erst 1792 beendet und die Moschee 1795. Nun könnte man dies als Argument nutzen, dass Carl Theodor, den Garten niemals fertig gestellt sah. Allerdings kann man die Argumentation auch umdrehen: der Garten war von Anfang an so geplant und durch seine zum Teil selbst ausgebildeten Gärtnermeister wurde der Garten im Sinne von Carl Theodor nach seinem früh gefassten Plan auch vollendet sogar in seiner Abwesenheit.

[61] vgl. H. Troll, A. Förderer, U. Schmitt: Schlossgarten Schwetzingen - Führer Staatliche Schlösser und Gärten Baden-Württemberg. (DKV München Berlin 2008).

Die drei Bedeutungsebenen anhand eines Gartenrundganges:

1. Die Ebene der antiken Mythologie,
2. die christliche Ausdeutung der antiken Mythologie,
3. die freimaurerische Bedeutungsebene.

Wir beginnen unseren Rundgang auf der Schlossterrasse. Dort stehen die Vasen der Weltzeitalter. In den Metamorphosen spricht Ovid von den Weltzeitaltern: im goldenen Zeitalter herrschten für die Menschen paradiesische Zustände ohne Mühe und Arbeit, im silbernen mussten die Menschen schon für ihre Ernährung selbst sorgen, indem sie Feldfrüchte anpflanzten, bereits seit dem silbernen Zeitalter befinden wir uns im Niedergang begriffen.

Das bronzene oder auch eherne Zeitalter entspricht dem Zeitalter der Metallverarbeitung. Korrespondierend zur dreigliedrigen Einteilung der archäologischen Epochen (Stein, Bronze und Eisenzeit). Erstmals stellt der Mensch im großen Stil Waffen her durch die Entdeckung der Zinnlegierung, das aus Kupfer Bronze machte und somit hatte der Mensch bessere Waffen zur Verfügung; später wurden die Waffen aus Eisen hergestellt und waren noch besser im Sinne von härter.

Wir leben schließlich im Eisernen Zeitalter, in dem alles im Niedergang ist, die Menschen bekriegen sich, wie es so schön von Hobbes in der Aufklärung heißt: *Homo homini lupus est. - Der Mensch ist des Menschen Wolf.*

Kennzeichnend für dieses Zeitalter ist eine göttliche Entität, die sich zurückzieht. Dike, eine der Horen zieht sich nun von der Erde zurück und wird an den Himmel gesetzt als Sternbild der Jungfrau, besser bekannt als Astrea. In den Metamorphosen heißt es:

Darnieder liegt die heilige Scheu, und, der Himmlischen letzte,

Jungfrau Astrea verläßt die mordbluttriefende Erde.[62]

Die Hore Dike durchläuft eine Metamorphose zur Astrea. Die Metamorphose/Verwandlung geschieht in ein Sternbild. Bei Ovid verlässt sie die Erde, hingegen bei Vergil in der vierten Ekloge erscheint die Jungfrau Astrea am Ende der Welt, um das Goldene Zeitalter einzuläuten.

Als Personifikation der strafenden Gerechtigkeit entspricht ihr die Justitia, die im Garten direkt gegenüber der arkadischen (Wettlauf) Atalante steht. Die Horen sind nicht die Göttinnen der Stunden, wie man meinen könnte, sondern der Jahreszeiten. In der Antike kannte man nur drei Jahreszeiten: Frühling, Sommer und Herbst/Winter als Pause der Vegetation (Demeter = Ceres). Hesiod unterscheidet drei Horen: Eunomia (Gesetz und Ordnung), Dike (Gerechtigkeit) und Eirene (Friede). Ihnen begegnen wir ebenfalls im Badhaus.

Bei den goldenen Statuen handelt es sich um die Atalante, eine Jägerin, deren Geschichte in zwei verschiedenen Versionen wiedergegeben wird: einer boötischen und einer arkadischen Version. Auch hier sollte man die dazu gehörige Geschichte kennen, die Carl Theodor mit Sicherheit kannte: Atalante wurde von ihrem Vater ausgesetzt, da er keine Tochter wollte, von einer Bärin gefunden und gesäugt bis Jäger sie fanden und aufzogen. So entwickelte sie eine Vorliebe für die Jagd und alle männlichen Aktivitäten. Aus ihrem Leben werden zwei Mythen erzählt: die kalydonische Eberjagd und der Wettlauf.

Atalante nahm in Kalydon an einer Eberjagd teil. Dort gab sie den ersten Schuss auf den Eber ab, allerdings nicht den, der ihn letztendlich tötete. Dieser Schuss wurde von Meleagros abgegeben und aus Dankbarkeit schenkte er ihr das Eberfell. (siehe Abb. 1) Diese

[62] Ovid, Metamorphosen dtv (München 1997), S.31.

Geschichte ließ Atalante berühmt werden und so kam dies auch ihrem Vater zu Ohren, der verlangte, dass sie heiratete. Da Atalante jedoch sehr eheunwillig war, stellt sie die Bedingung, dass ihr zukünftiger Gatte sie im Wettlauf besiegen muss, mit der Bedingung, wer verliert, muss sterben.

Abb. 1

Boötische Atalante

Kalydonische Eberjagd

Abb. 2

Arkadische Atalante

Wettlauf mit Hippomenes

Zahlreiche Jünglinge nahmen todesverachtend an diesen Wettläufen teil und wurden ein um das andere Mal von Atalante getötet. Schließlich wurde sie mit Hilfe einer List von Aphrodite (Venus) geschlagen.

Sie gab dem Jüngling Hippomenes drei goldene Äpfel, die er an geschickten Stellen des Wettlaufes fallen ließ und Atalante hob sie jedes Mal auf wodurch sich sein Abstand verringerte und er gewann. (siehe Abb. 2) Atalante wird schließlich beim gemeinsamen Liebesspiel mit Hippomenes in einem Tempelbereich entdeckt und zur Strafe werden beide in Löwen verwandelt, was wiederrum eine Metamorphose darstellt. Man ging in der Antike davon aus, dass Löwen sich nicht untereinander paaren, sondern mit Leoparden. Interessant ist der Aspekt, dass die Atalanten an diesem wichtigen Standort stehen und zudem beide Statuen sich von den anderen ganz eindeutig durch die goldene Farbe unterscheiden.[63]

Es gibt ein alchemistisches Emblemata-Werk von Michael Maier namens »Atalanta fugiens« bei dem es um einen Initiationsweg geht.[64] Vielleicht sollte der geneigte Besucher durch die Atalanten auf die Idee gebracht werden, dass er sich im Garten auf einen Initiationsweg machen sollte. In der Freimaurerei gibt es zwei Techniken, um Inhalte erfahrbar zu machen: zum einen die initiatorische Methode und zum anderen die allusive Methode[65], bei der es um Anspielung geht, abgeleitet von dem lateinischen Wort „alludere". Bei der Initiation stirbt der Initiand, er wird mit dem Göttlichen konfrontiert und schließlich wiedergeboren. Dies sind die drei Initiationsstufen nach van Gennep[66]. Sie werden in Trennungsriten (rites de séparation), Übergangs- bzw. Schwellenriten (rites de marge) und den rituellen Zyklus abschließende Angliederungsriten (rites d'agrégation) unterschieden. Bei jedem Initiationsritual kann man diese unterschiedlichen Riten fassen, klassischerweise bei Naturvölkern die

---

[63] vgl. M. Grant, J. Hazel, Lexikon der antiken Mythen und Gestalten (München 2003), S. 77ff.

[64] vgl. Michael Maier, Atalanta fugiens. Ein alchemistisches Emblemwerk. (Faksimiledruck von 1618).

[65] vgl. J.A.M. Snoek, Vorlesung über Freimaurerei an der Ruprecht-Karls-Universität Heidelberg.

[66] vgl. Van Gennep, Rites des passages (Paris, 1909)

Trennung des Initianden von der Gesellschaft, verschiedene Prüfungen in der Schwellenphase und schließlich eine Angliederung an die Gesellschaft beispielsweise durch ein großes Fest. Das folgende Schema (siehe Abb. 3) soll diese Phasen in der Alchemie näher beleuchten. In der linken Tabelle unterscheiden wir die drei Phasen nach van Gennep, in der Mitte haben wir den korrespondierenden Vorgang (modern gesagt die Aggregatszustandsänderung) in der Alchemie und in der dritten Zeile die korrespondierenden Riten bei van Gennep.

Phasen nach der alchemistischen Schrift Atalanta fugiens

1	2	3
Ausgangsordnung	Chaos (Schwellenphase)	Verwandelte Ordnung (Erneuerung)
Separation (Teilung)	Dissolution (Verflüchtigung)	Depuration (Reinigung, Läuterung)
Trennungsriten	Übergangsriten	Angliederungsriten

Hippomenes	Atalante	Goldäpfel
Männlich	Weiblich	Vereinigung Chymische
Schenker	Braut	Hochzeit
Bindung	Lösung	Gewinn
Vorauseile	Schnelligkeit	Verlauf
Sulphur	Merkur	Verzögerung
Luft	Wasser	Salz
Kultur	Natur	Erde
Albedo (Weißung)	Nigredo (Schwärzung)	List Rubedo (Rötung)
Minerva-tempel	Merkur-tempel	Apollotempel

Abb. 3

In der rechten Tabelle fassen wir die drei alchemistischen Grundzustände eingebettet in den Mythos des Wettlaufs von Atalante und Hippomenes. Die alchemistischen Grundfarben der verschiedenen Umwandlungen Rubedo, Nigredo und Albedo können ebenfalls in den Tempeln im Schwetzinger Schlossgarten erfasst werden. (siehe Abb. 3, rechte Tabelle, letzte Zeile)

Bei der Anspielung, der Allusion geht es darum, dass beide Partien eine gemeinsame Quelle kennen, den referentiellen Corpus. Meist wird die Bibel als referentieller Corpus zu Grunde gelegt, beispielsweise auch bei der europäischen Malerei. Man kann jedoch auch ein Ritual als referentiellen Corpus zugrunde legen, dann führen zwei Menschen ein Gespräch, das für umstehende Nicht-Eingeweihte nicht auf dieser Ebene zu verstehen ist. Es könnten auch beispielsweise die Metamorphosen von Ovid als referentieller Corpus im Garten genutzt worden sein, worauf zahlreiche Statuen schließen lassen. Es liegt sehr nahe, dass Carl Theodor genauso gedacht haben könnte, wenn wir lesen:

> Wenn es zu Streitigkeiten in religiösen Fragen kam, dann lässt sich immer wieder vermerken, dass der auf Ausgleich und Harmonie bedachte Kurfürst in den Bereich der Antike und auch des antiken Mythos auswich. Diese Ausflucht war durchaus geschickt gewählt, denn damit kam man auf neutrales Terrain, über dessen Bedeutung sich die jeweiligen Kontrahenten in der Regel einig waren, auch wenn sie die antiken Motive unterschiedlich nutzen.[67]

Zu diesen beiden Techniken bedient sich die Freimaurerei noch verschiedener Symboliken, die sich im Schwetzinger Schlossgarten finden lassen: die Bausymbolik, die Labyrinth- oder auch Mittelpunkt-Symbolik und die Licht-Symbolik. Anhand der Hauptachse des Gartens können die verschiedenen Bedeutungsebenen am besten erfasst werden, um demnach einen Initiationsweg begehen zu können.

Zurück zur Atalante: Atalante könnte man auch als wilden Aspekt von Minerva sehen. Als Parallelen kann man die Jungfräulichkeit anführen, den Wettstreit mit Männern und beide möchten besser sein als Männer. In der griechischen Antike war die Göttin Minerva

---

[67] vgl. R. Stupperich: Carl Theodor und die Antike. In: Der Pfälzer Apoll - Kurfürst Carl Theodor und die Antike an Rhein und Neckar (Mainz 2007).

als Pallas Athene eine der drei großen Hauptgottheiten. Kerenyi, der den Kult der Götter im alten Griechenland erforschte, war der Meinung, dass die Griechen in ihr die allwaltende göttliche Macht, Weisheit und Güte anbeteten. Sie sahen in ihr die gewaltige, hochsinnige, huldreiche Tochter des Himmelsherrschers. Minerva ist die Tochter (Kopfgeburt) des Jupiter und im antiken Griechenland als Pallas Athene eine der großen zwölf olympischen Schutzgottheiten. Sie war die Schutzgöttin des Krieges, der Weisheit und der Künste.[68] Zur Abgrenzung von Ares (Mars), dem zornigen Kriegsgott, der überall Furcht und Schrecken verbreitete ist Minerva die Kriegsgöttin, die mit klugem Rat zur Seite steht und eher mit List und Kalkül Krieg führt. Sie war die Stadtgöttin von Athen und hatte Tempel in vielen wichtigen griechischen Stätten. Obwohl sie Jungfrau war, verabscheute sie jedoch, im Gegensatz zu Artemis (Diana - interpretatio romana), die Männer nicht, sondern liebte Männergeschäfte und begleitete die Krieger gern in die Schlacht. Ein weiterer Beiname von Minerva ist Parthenos, die Jungfräuliche, da sie niemals eine Liebesbeziehung einging. Prometheus, der den Menschen das Licht brachte, überzeugte sie den Menschen Wissen und Weisheit einzuhauchen.

---

[68] vgl. Karl Kerényi. Die Mythologie der Griechen. Die Götter- und Menschheitsgeschichten.

Der Minervatempel wurde als erster Tempel bereits um 1771 vollendet. Der Minervatempel ist kein gewöhnlicher Nachbau antiker Tempel. Frontal von vorne betrachtet, kann man erkennen, dass in seiner Konstruktion das Prinzip des Goldenen Schnittes umgesetzt wurde. Außerdem sind die Säulenbasen perfekte Quadrate oder perfect ashlars. Dies findet man in der Antike nicht, entweder sind die Säulenbasen getreppt oder ganz kurz.

Gehen wir um den Minervatempel herum sehen wir ihn selbst ebenfalls als perfect ashlar, der auf rauem Gestein ruht. Dies könnte man als Verweis auf die Freimaurerei sehen. Der Keller unter dem Tempel wurde von Pigage Nebengebäude genannt aber es ist damit das Kellergeschoß gemeint, das sich unter dem Minervatempel befindet. (siehe Abb. 4) In den Aufzeichnungen und dem Buch von Wiltraud Heber wird immer von Nebengebäude bei dem Kellergeschoss des Minervatempels gesprochen.

Der Raum ist genau in der richtigen Ausrichtung, man hätte ihn auch als Loge nutzen können.

Abb. 5

Im Inneren des Tempels finden sich Opferblöcke (siehe Abb. 5) und einen umlaufenden Fries aus Beilen und Messern (siehe Abb. 6). Damit wird auf das Opfern angespielt. In der Antike allerdings wurde immer unter freien Himmel geopfert. Dies könnte man als Anspielung auf Christus verstehen, somit wird hier auch schon ein Teil des Initiationsweges vorweggenommen.

Wenn wir uns den Gartenplan anschauen, dann ist der Minervatempel genau gegenüber vom Tempel des Apollo. (Sonne und Mond – zwei Säulen in der Freimaurerei) wie auf den alten Arbeitsteppichen (Arbeitstafeln) der Freimaurer.

Abb. 6

Laufen wir weiter entlang der Hauptachse so kommen wir zu den beiden Hirschgruppen und dem ehemaligen Spiegelbassin. Die Hirschgruppen kann man zum einen als Konfrontation zwischen Kultur (Hunde) und Natur (Hirsch) sehen. Sie können aber auch als eine Anspielung auf Aktaion gesehen werden. Aktaion war ein Jäger und er hat Diana, der Göttin der Jagd beim Baden zugeschaut. Dies durfte nicht ungestraft geschehen und so verwandelte sie ihn in einen Hirsch und er wurde von seinen eigenen Jagdhunden zerfleischt. Wenn man so möchte auch eine Metamorphose, vor allem, weil die Geschichte noch nicht ganz zu Ende ist: Die Hunde waren so traurig, dass der Kentaur Chiron ihnen eine Statue schuf, die Aktaion glich, so dass sie wieder beruhigt waren. Man könnte hier auch eine Allusion auf das Göttliche sehen: Um die Gottheit schauen zu können, muss man sterben. Dies geschieht so gut wie bei jeder Initiation: der alte Mensch stirbt, er wird in der anderen Welt (Freimaurerloge) mit dem Göttlichen konfrontiert und schließlich wiedergeboren. Wie bereits erwähnt, sind das die drei Initiationsstufen nach van Gennep. Sie werden in Trennungsriten (rites de séparation), Übergangs- bzw. Schwellenriten (rites de marge) und den rituellen Zyklus abschließende Angliederungsriten (rites d'agrégation) unterschieden.

Auf diese Geschichte wird mitten auf der Hauptachse innerhalb der vier Elemente angespielt. Es markiert zudem durch das leider nicht mehr vorhandene Spiegelbassin einen Übergang in eine andere Welt. Der Übergang von der Welt der Materie durch die vier Elemente in die geistige Welt, in das Transzendente oder das Göttliche, wird in der Installation des Hirschbrunnen symbolisiert. (siehe Abb. 7) Die vier Elemente, die die Materie symbolisieren, werden von antiken Göttern repräsentiert:

Feuer (Vulcan): phrygische Mütze, Feuer und Schmiedewerkzeuge (Abb. 8)

Luft (Juno): gebauschtes Gewand, Pfau (Abb. 9)

Abb. 8

Abb. 9

Erde (Kybele): Herrin der Natur u. Fruchtbarkeit, als Beschützerin der Städte erkennt man sie immer an den Mauerzinnen auf ihrem Kopf, Landtiere und Feldfrüchte (Abb. 10)

Wasser (Neptun): Schale zum Ausschütten, Wassertiere (Abb. 11)

Auf dieser Hauptachse können wir den Herrschaftsanspruch Carl Theodors erfassen. Er ist der Kurfürst der Kurpfalz, Markgraf von Bergen op Zoom, Herzog von Pfalz-Sulzbach, Jülich und Berg sowie Neuburg/Donau (seit dem Tod Carl Phillips), ab 1777 kommt noch Kurfürst von Bayern hinzu aufgrund der Nachfolgeregelungen der wittelsbachischen Hausverträge und das letztendlich zum Wegzug nach München führt. Der Reichsapfel in seinem Wappen weist ihn als Erztruchsess aus und somit ist er einer der führenden Herrscher des Heiligen Römischen Reichs Deutscher Nation, einer der weltlichen Kurfürsten, die den Kaiser wählen und somit einer der wichtigsten Männer im Reich nach Friedrich, dem Großen.

Initiationsweg: Wir starten unseren Initiationsweg bei der römischen Wasserkastellruine. Interessanterweise verläuft der Initiationsweg direkt am Übergang vom formal französischen Garten zum englischen Landschaftsgarten; er liegt sozusagen wie ein Gürtel auf diesem Übergang.

Die vier Stationen	1. Allusion	2. Allusion	3. Allusion
Römisches Wasserkastell Tempel der Botanik Badhaus	Sonnenaufgang (Eos Morgenröte)	Geburt	Wiedergeburt
Apollotempel	Tag	Leben	Leben als Initiierter unter Christus / Hiram
Merkurtempel	Sonnenuntergang	Tod	Sterben mit Christus/ Hiram
Moschee	Nacht	Ewiges Leben	Ewige Glückseligkeit

Abb. 12

In der Tabelle (siehe Abb. 12) können wir die einzelnen Stationen, sowie die drei weiteren Ebenen der Allusionen sehen, wie in der Abbildung aufgezeigt.

Jetzt beginnen wir, wie das Wasser aus dem römischen Wasserkastell sich in den Schlossgarten ergießt, unseren Initiationsweg anhand des Wasserverlaufs. Das Wasserkastell erinnert zudem an die Vedutenmalerei von Piranesi und dort vor allem an die Porta Maggiore in Rom. Pigage konnte vielleicht aufgrund einer Italienreise 1767/68 darauf zurückgreifen.

Die erste Gruppe an Staffagebauten wird durch die Römische Wasserkastellruine, den Tempel der Waldbotanik und dem Badhaus gebildet. Es geht im weitesten Sinne um das Thema Geburt und Wiedergeburt. Sonnenaufgang. Dies passt ebenfalls gut in die alchemistischen Emblemata-Werke, wo man ebenfalls auf diese Themen eingeht. In der Alchemie geht es ganz ähnlich wie in der Freimaurerei um die Veredelung des Menschen auch schon im 16. Jhd. Zum Beispiel in dem bereits erwähnten Werk »Atalanta fugiens« von Michael Maier. Neben der Bibel und den Metamorphosen kannte Carl Theodor auch diese Werke höchstwahrscheinlich so gut, dass er sie als referentiellen Corpus benutzen konnte. Zudem hatte er mit Christian IV. von Pfalz-Zweibrücken sogar einen Alchemisten in der nahen Familie. Er wäre sein Nachfolger gewesen, hätte Carl Theodor ihn nicht überlebt (präsumtiver Erbe).

Nachdem sich das neue Leben an dieser Stelle in den Garten ergossen hat, geht es weiter zu dem sich in Sichtweite befindenden Tempel der Waldbotanik. Dieser Tempel hat natürliche Rinde außenherum, die auf eine besondere Eichenart, die Steineiche schließen lässt. Er hat einen kreuzförmigen Grundriss und wird auf seinen Wangen von Sphingen bewacht. Zudem ist der Tempel im Inneren viergliedrig. Neben den Tierkreiszeichen haben wir Symbole aus dem Gartenbau. Der Tempel der Waldbotanik hat ebenfalls eine Unterkellerung, das Loch das dort hinein führt ist sehr klein. Kein

Mensch passt hindurch, wohl aber ein Säugling. Ein Hinweis darauf, dass man in die Welt hineingeboren wird.

Im Inneren des Tempels der Waldbotanik befinden sich die Medaillons von vier berühmten Naturforschern:

Zwei Naturforscher der Antike: Theophrast von Eresos, einem Schüler Aristoteles und Plinius dem Älteren sowie zwei zeitgenössische Naturforscher Joseph Pitton de Tournefort (1656-1708) Jesuit und Botaniker, Forschungsreisender sowie Carl von Linné (1707-1778), schwedischer Naturforscher, der die binäre Nomenklatur in der Biologie einführte: Art und Gattungsname (Grundlagen der modernen botanischen und zoologischen Taxonomie).

Heutige Forschungen gehen davon aus, dass es sich bei dem Tempel der Waldbotanik um einen Weihetempel für Carl von Linné handeln könnte, da er genau zu seinem Sterbedatum fertig gestellt worden sein soll und die Statue ein Buch mit Verweis auf ihn in der Hand hält. Carl von Linné war im Übrigen Mitglied in zahlreichen Akademien der Wissenschaften, beispielsweise der Königlichen Gesellschaft der Wissenschaften in Uppsala, der Société Royale des Sciences de Montpellier, der Königlich-Preußischen Akademie der Wissenschaften und der Royal Society.

Den Aspekt der Geburt und der Morgenröte können wir auch im Badhaus erfassen. Das Deckengemälde von Nicolas Guibal (Hofmaler in Württemberg) zeigt wie Aurora die Nacht vertreibt genau in der richtigen realen Himmelsrichtung. Vor ihr her eilt der Fackelträger, Lucifer als Morgenstern. Aurora fährt auf ihrem Himmelswagen und wird von den Horen auf ihrer Fahrt begleitet. In der Intrada des Badehauses sind zudem noch weitere Statuen dargestellt, die auf den Morgen, den Beginn eines Tages hinweisen. Die eine bringt das Licht, die andere den Tau (siehe Abb. 13) und zwei weitere Blumen.

Begleiterin der Morgenröte, die den Tau verteilt.

In der Alchemie hat man ganz häufig das Motiv des Königsbades. (siehe Abb. 14) Das Bad des Badehauses (siehe Abb. 15) kann auch als Fruchtblase gesehen werden und damit verweist es auch auf die Geburt. Die Schlangen durch die Wasser eingelassen werden kann, verweisen ebenso auf Heilung, da sie ein Symbol von Hippokrates sein können.

Abb. 14

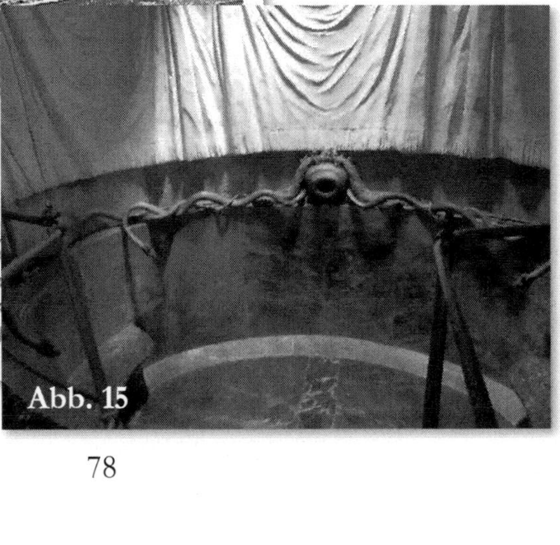

Abb. 15

Im Badhaus wird durch die gekrönten Schlangen u.a. darauf angespielt. Der Badhausgarten führt zum Ende der Welt (siehe Abb. 16), was man auch mit einer Abbildung aus Atalanta Fugiens vergleichen kann. (siehe Abb. 17) Auf dem Weg dorthin begegnen wir dem Vogelbad. Dieses spielt auf eine Fabel von Äsop an, die von Michael Maier übernommen worden ist.

Abb. 16

EMBLEMA VIII. *De secretis Naturæ.*

Accipe ovum & igneo percute gladio.

EPIGRAMMA VIII.

Est avis in mundo sublimior omnibus, Ovum
Cujus ut inquiras, cura sit una tibi.
Albumen luteum circumdat molle vitellum,
Ignito (ceu mos) cautus id ense petas:
Vulcano Mars addat opem: pullaster & inde
Exortus, ferri victor & ignis erit.

Abb. 17

Dabei beschimpfen die Vögel, die Eule, die ein Symbol der Weisheit ist und für Minerva steht. Die Eule hat allerdings einen der ihren geschlagen und wird somit von den anderen Vögeln bespien.

Beim Apollotempel handelt es sich um einen Monopteros, einen offenen Rundtempel. Sonnenscheiben sind mehrfach angebracht und Apollo steht in einem seiner Aspekte für die Sonne. Daneben ist er der Hauptgott der prophetischen Weissagung, der Künste, besonders der Musik. Dort wird er als Apollo Musagetes dargestellt, Apollo, der von Musen begleitet wird. Er ist ein Begleiter der Musen.

Der Apollotempel steht für den Tag und das Leben. In der freimaurerischen Deutung für das Leben als Initiierter.

Der Apollotempel ist allerdings nicht alleine ein Monopteros sondern zugleich ein Naturtheater. Ein im 18. Jahrhundert sehr beliebtes Heckentheater, bei dem die Kulissen hinter die Hecken geschoben werden konnten. Interessant ist zudem der Umstand, dass die Sphingen den Zuschauerraum bewachen. Damit wird sicherlich der Mikrokosmos-Makrokosmos-Gedanke bestärkt, der eines der sieben hermetischen Gesetze darstellt. Sie lauten:

1. Das Prinzip der Geistigkeit: „Das All ist Geist, das Universum ist geistig." Das Universum ist eine geistige Schöpfung des Alls, was in Analogie zum Menschen gesehen werden soll, der auch geistige Werke erschaffen kann.
2. Das Prinzip der Entsprechung: „Wie oben, so unten; wie unten, so oben."
3. Das Prinzip der Schwingung: „Nichts ist in Ruhe, alles bewegt sich, alles ist in Schwingung." Eine Veränderung der Schwingung führt zu einer qualitativen Veränderung. Der Geist hat eine sehr hohe, bewegliche Schwingung im Gegensatz zur Materie.

4. Das Prinzip der Polarität: „Alles ist zwiefach, alles hat zwei Pole, alles hat sein Paar von Gegensätzlichkeiten; gleich und ungleich ist das selbe; Gegensätze sind identisch in der Natur, nur verschieden im Grad, Extreme berühren sich; alle Wahrheiten sind nur halbe Wahrheiten; alle Widersprüche können miteinander in Einklang gebracht werden.“ Damit sind Gegensätze gemeint, die sich als Grad der Ausprägung beschreiben lassen: Liebe- Angst, Hell-Dunkel, Krieg-Frieden. Das Geschlecht gehört hier nicht dazu.

5. Das Prinzip des Rhythmus: „Alles fließt aus und ein, alles hat seine Gezeiten. Alle Dinge steigen und fallen, das Schwingen des Pendels zeigt sich in allem; das Maß des Schwungs nach rechts ist das Maß des Schwungs nach links; Rhythmus kompensiert.“ Es gibt zwei Pole, immer Aktion und Reaktion, Atem fließt; dies spielt vor allem in Yoga und Tai-Chi eine große Rolle.

6. Das Prinzip von Ursache und Wirkung: „Jede Ursache hat ihre Wirkung; jede Wirkung ihre Ursache; alles geschieht gesetzmäßig. Zufall ist nur der Name eines unbekannten Gesetzes. Es gibt viele Ebenen der Ursächlichkeit, aber nichts entgeht dem Gesetz.“

7. Das Prinzip des Geschlechts: „Geschlecht ist in allem, alles hat männliche und weibliche Prinzipien, Geschlecht offenbart sich auf allen Ebenen.“ Kein Werden ist in dieser Welt möglich ohne beide Geschlechter. Die Prinzipien sind in jedem Menschen vorhanden, bei der Individuation von Jung geht es darum, beide Teile anzunehmen und in die Persönlichkeit zu integrieren.[69]

[69] vgl. H. Gebelein: Alchemie. (Diederichs Gelbe Reihe/Sonderausgabe 2000), S. 41ff.

Zurück zum Apollotempel. Er steht in der Interpretation der verschiedenen Anspielungen für den Tag, das Leben und in der dritten Bedeutungsebene für das Leben als Initiierter. Dann wechseln wir zur anderen Seite des Gartens:

Es geht nun um die Nacht, das Sterben und das ewige Leben nach unseren Anspielungen: Der Merkurtempel (Hermes) ist als Grabmonument erbaut. Ein Kuppelgrab nach dem Vorbild der Connochia. Der Merkurtempel hat drei Stockwerke und wurde als Ruine erbaut. An seinen Seiten wird die Geschichte von Merkur erzählt. Merkur war der Bote von Jupiter, der Führer der Schatten in das Haus des Hades/Pluto, Geleiter der Seelen in die Unterwelt (Psychopompos), Beschützer der Reisenden, Schutzgott der Kaufleute und Diebe. Sein Geburtsort ist Arkadien. Als Gott der Reisenden soll er die Straßen von Steinen befreit haben. Hermes entsprang aus einem Seitensprung Jupiters mit einer Nymphe und wurde im Morgengrauen geboren. Als es Mittag war, war er schon so groß, dass er aus der Höhle laufen konnte, als erstes entdeckte er eine Schildkröte aus der er die erste Leier machte. Am gleichen Tag stahl er 50 Kühe aus der Herde des Apollo und legte sich danach wieder als Säugling in die Wiege und behauptete später auf Nachfragen von Apollo sogar, dass er gar nicht weiß, was das Wort Kuh bedeutet. Apollo durchsuchte die Höhle, fand allerdings nichts, zitierte Merkur allerdings trotzdem vor Jupiter. Hermes konnte sich obwohl noch ein Kleinkind meisterlich herausreden und stahl Apollo hinterrücks seinen Bogen und Köcher. Jupiter durchschaute Merkur allerdings und forderte von Merkur Apollo sein Vieh zurückzugeben. Als Merkur Apollo zu seinem Versteck geführt hat, nahm er seine Leier und spielte so meisterlich, dass Apollo so begeistert war und das Instrument besitzen wollte. Merkur schlug den Handel vor, dass Apollo die Leier bekommt und er dafür den Diebstahl vergisst. Er gab ihm dann auch noch seinen Bogen und Köcher zurück, was Apollo noch gar nicht bemerkt hatte und dies belustigte Apollo so, dass er fortan Merkurs treuer Freund war und ihn zum Beschützer der Hirten machte, gab ihm Macht über die Steinorakel und überreichte ihm den Caduceus-Stab. Merkur wird oft mit einem Widder auf den Schultern abgebildet (vgl. Badhaus). Er stand Jupiter bei dessen Liebschaft mit Io bei und musste dann dafür sorgen, dass Io dem vieläugigen Argos entging, indem er ihn tötete. Dies ist eine der drei Szenen am Merkurtempel. Eine weitere Szene stellt die Verhandlung mit Pluto/Hades um die Rückkehr der Proserpina/Persephone dar und die letzte, Prometheus, wie er im Kaukasus angekettet ist und der Adler jeden Tag seine Leber frisst, die immer wieder nachwächst.

Merkur ist der Vater von Pan und hat mit Aphrodite die Kinder Hermaphrodit (Alchemie) und Priapos. Merkur kann als Bindeglied der linken mit der rechten Gartenhälfte gesehen werden.

Der Merkurtempel selbst ist als Ruine mit gefallenen Steinen dargestellt. (siehe Abb. 18) Dies verweist nun auf folgende Bibelstelle: Johannes 2, 19-21: Jesus: Reißt diesen Tempel nieder, in drei Tagen werde ich ihn wiederaufrichten. Da sagten die Juden: Sechsundvierzig Jahre wurde an diesem Tempel gebaut, und du willst ihn in drei Tagen wiederaufrichten? Er aber meinte den Tempel seines Leibes; und somit die Wiederauferstehung.

Wo ist der Hinweis auf Gott im Merkurtempel? Es ist die Treppe selbst, die 33 Ebenen hat und somit auf die 33 Jahre, die Christus auf der Erde verbracht hat verweist. Hiram und Christus sind dasselbe, beide sind Gott, Schöpfer der Welt und Erbauer des Tempels. Zudem ist der Merkurtempel unterwölbt. Es ist das elaborierteste Gewölbe, das wir unter einem Tempel im Schwetzinger Schlossgarten finden. Es befindet sich eine Öffnung in der mittleren Ebene des Tempels, die sich auf dem Grund befindet. Es passt ein erwachsener Mensch durch die Öffnung. Wenn man um den Tempel herum geht, sieht man die gefallenen Steine und es gibt einen bequemen Eingang in das Gewölbe.

Abb. 18

Schreitet man hingegen in das oberste Stockwerk des Tempels, in die kaputte Kuppel, öffnet sie sich genau in Blickrichtung zur Moschee. Der Tod öffnet den Blick auf das ewige Leben, die ewige Glückseligkeit für die die Moschee in der 3. Allusion steht.

Die Moschee kann als Tempel der Weltweisheit gedeutet werden. In unserer Interpretation steht sie aufgrund der vielen Monde und Sterne für die Nacht und in der 3. Anspielung für ewiges Leben sowie Glückseligkeit. Wenn wir in die Moschee hinein gehen, sind an den Wänden Sprüche angebracht, die ein guter Rat für jeden sind. Sie stammen nicht aus dem Koran haben aber u.a. ein arabisches Original. In den Sprüchen Salomos lassen sie sich ebenfalls finden. Wenn man zur Decke der Moschee hinaufschaut (siehe Abb. 20), sieht man die Sonne an einem Nachthimmel aufgehen.[70]

[70] vgl. J.A.M. Snoek, M. Scholl & A.A. Kroon (eds): /Symbolism in 18th Century Gardens. The Influence of Intellectual and Esoteric Currents, such as Freemasonry/, Den Haag 2006, 189-202.

Dies erinnert an den Spruch von Apuleius als er eingeweiht wurde und die Sonne bei Nacht sah, die in seinen Metamorphosen 11,23,7 erwähnt wird:

> Ich nahte mich der Grenzscheide zwischen Leben und Tod und schritt über die Schwelle der Proserpina, ich fuhr durch alle Elemente und kehrte zurück, ich erschaute um Mitternacht der Sonne weißes Licht. Ich sah die Götter des Himmels und der Unterwelt von Angesicht zu Angesicht und verneigte mich vor ihnen.[71]

[71] Apuleius, Metamorphosen 11, 23, 7.

Die drei freimaurerischen Statuen

Geometria, Gnomonika und Rhetorika

Die erste Statue, die Geometria (siehe Abb. 21) könnte man in der Kunst des 18. Jhd. ebenso als die Architektur deuten. Die Statue hält einen Zirkel, ein Winkelmaß und eine Buchrolle, die auch als Bauplan interpretiert werden kann.

Abb. 21: Meister

Seit dem Mittelalter kennt man die *septem artes liberales.* Die sieben freien Künste unterteilen sich in das Trivium bestehend aus:

1. Grammatik
2. Rhetorik
3. Dialektik bzw. Logik

In der europäischen Kunst wurden diese Künste immer weiblich personifiziert und nie männlich und die Rhetorik hat immer eine Tafel und Griffel oder einen Lorbeerkranz.

Abb. 22: Redner

Die Statue der Rhetorik (siehe Abb. 22), die auf den Redner einer Freimaurerloge anspielen kann, hat einen Bienenkorb, den wir auch aus dem freimaurerischen Kontext kennen. Bienen werden im Übrigen im christlichen Sinne als besonders fleißig angesehen, weil sie für den Honig arbeiten, den die Menschen nutzen. Sie tun also etwas nicht für sich selbst, sondern für die Anderen. Darauf wird z.B. näher im zweiten Grad der Freimaurerei eingegangen. In diesem Grad geht es um die Gemeinschaft, das Wandern und Besuchen anderer Freimaurerlogen. Zudem wird der Bienenkorb als Symbol einer Freimaurerloge verstanden.

Abb. 23: Aufseher

William Shakespeare: König Heinrich V.[72] - Aufzug 1, Szene 2:

> So tun die Honigbienen, Kreaturen,
> Die durch die Regel der Natur uns lehren,
> Zur Ordnung fügen ein bevölkert Reich.
> Sie haben einen König und Beamte
> Von unterschiednem Rang, wovon die einen,
> Wie Obrigkeiten, Zucht zu Hause halten,
> Wie Kaufleut' andre auswärts Handel treiben,
> Noch andre wie Soldaten, mit den Stacheln
> Bewehrt, die samtnen Sommerknospen plündern
> Und dann den Raub mit lust'gem Marsch nach Haus
> Zum Hauptgezelte ihres Kaisers bringen;
> Der, emsig in der Majestät, beachtet,
> Wie Maurer singend goldne Dächer baun;

Es gibt des Weiteren bei den sieben freien Künsten noch das Quadrivium: Arithmetik (Zahlentheorie), Geometrie, Musik und Astronomie.

Alle freien Künste haben ein besonderes Attribut dabei, dass wir im Schwetzinger Statuen-Programm vermissen.

Letztendlich bleibt für diese drei Statuen dann lediglich die Deutung als Personifizierungen der Beamtenämter in einer Freimaurerloge. Dabei symbolisiert die Geometria mit Zirkel und Winkelmaß den Meister. Die Gnomonika mit dem kubischen Stein, der eine Sonnenuhr darstellt verweist auf die Aufseher, die wissen wann die rechte Zeit zur Arbeit ist und die Rhetorika auf den Redner einer Freimaurerloge.

---

[72] vgl. J.A.M Snoek: „Schwetzingen: More than just a Masonic Garden" in: *Symbolism in the 18th Century Garden. The Influence of Intellectual and Esoteric Currents, such as freemasonry.* (Den Haag 2006). S. 158.

Abschließend kann postuliert werden, dass der Garten in dieser Gesamtheit kein Produkt des Zufalls sein kann. Carl Theodor und sein Baumeister Nicolas de Pigage haben ein Programm umgesetzt, dass im 18. Jhd. seinesgleichen sucht. Genau dieselbe Bewegung, die der Palladianismus und die Wedgewood-Vasen von England auf den Kontinent gemacht haben, kann man auch beim freimaurerischen Gedankengut sehen. Die drei freimaurerischen Statuen sind ein weiterer Beweis für diese These.

Bibliographie (Auswahl):

K. Budde: Die naturwissenschaftlichen Interessen des Kurfürsten. In: A. Wieczorek, H. Probst, W. König (Hrsg.): Lebenslust und Frömmigkeit Kurfürst Carl Theodor (1724-1799) zwischen Barock und Aufklärung. (Mannheim 1999).

A. v. Buttlar: Der Landschaftsgarten. Heyne-Stilkunde (München 1980).

M. Grant, J. Hazel: Lexikon der antiken Mythen und Gestalten (München 2003).

M. Kunze (Hrsg.): Der Pfälzer Apoll – Kurfürst Carl Theodor und die Antike an Rhein und Neckar. Katalog zur Ausstellung im Winckelmann-Museum (Ruhpolding und Mainz 2007).

M. Maier: Atalanta Fugiens. Ein alchemistisches Emblemwerk. (Faksimiledruck von 1618).

S. Mörz: Aufgeklärter Absolutismus in der Kurpfalz- während der Mannheimer Regierungszeit des Kurfürsten Karl Theodor (1742-1777) (Stuttgart 1991).

Ovid, Metamorphosen (München 1997).

J.A.M. Snoek: Einführung in die westliche Esoterik, für Freimaurer (Hrsg.: Freimaurerloge Modesta cum libertate im Orient von Zürich 2011).

H. Troll, A. Förderer, U. Schmitt: Schlossgarten Schwetzingen – Führer Staatliche Schlösser und Gärten Baden-Württemberg. (DKV München Berlin 2008).

Symbolism in 18th Century Gardens. The influence of Intellectual and Esoteric Currents such as Freemasonry J. A. M. Snoek, M. Scholl und A. Kroon (Hrsg.) (Den Haag, 2006).

A. Wieczorek, H. Probst, W. König (Hrsg.): Lebenslust und Frömmigkeit Kurfürst Carl Theodor (1724-1799) zwischen Barock und Aufklärung. (Mannheim 1999).

Giovanni Grippo

Vorsitzender Meister
Darmstadt

Jahrgang 1978. Essayist, Autor, Verleger und arrivierter Freimaurer- und Esoterikforscher.

Seit 2000 Freimaurer.

2007 gründete er den »Giovanni Grippo Verlag und Buchhandel« in Steinbach (Taunus).

2008 Referent des Andreasmeister-Seminars in Frankfurt am Main.

2009 Referent des 43. Johannismeister-Seminars der »Großen Landesloge der Freimaurer von Deutschland« in Kassel.

Von 2008 bis 2013 Vorsitzender Meister der Andreasloge »Fides immortalis« in Frankfurt am Main.

Seit 2008 Vorsitzender der Darmstädter Andreasvereinigung 1922.

Beteiligter an den »Heidelberger Gesprächen« mit wechselnden Vorträgen in den Jahren 2012, 2014, 2015, 2016 und 2017.

Seit 2013 Vorsitzender Meister der Darmstädter Freimaurerloge »Zum flammenden Schwert«.

2015, 2017 sowie 2018 Referent des Johannismeister-Seminars der »Großen Landesloge« in Köln und 2019 in Düsseldorf.

Mitglied der Forschungsvereinigung »Frederik«.

Ehemaliges Mitglied der Forschungsloge »Quatuor Coronati«.

Inhalte des Schwetzinger Schlossgartens anhand heutiger Freimaurer-Systeme

von Giovanni Grippo

Einleitung

Die Ausstattung des Schlossgartens illustriert in einer einzigartigen Weise die Ideenwelt der griechisch-römischen Mythologie, der Mystik, der Hermetik, der Alchemie, der Kabbala und der Freimaurerei - alles Strömungen, die in der zweiten Hälfte des 18. Jahrhunderts en vogue waren. Die Umsetzung spiegelt außerdem den Bildungsstand des Kurfürsten Carl Theodor und das Können des leitenden Architekten Nicolas de Pigage und der ihn unterstützenden Künstler wieder. Das hohe Niveau ist heute kaum mehr nachvollziehbar, weil sich das heutige Denken stark von dem Denken aus der Zeit der Entstehung des Schlossgartens im 18. Jahrhundert unterscheidet. Die Inhalte und Aussagen, die im Schlossgarten auf mannigfaltige Weise vermittelt werden, sind aber immer noch genauso aktuell wie sie es damals waren, denn die Fragen des Menschen nach seinem Existenzgrund sind zeitlos. Ab ca. 1750 wurde die gesamte Gartenanlage begonnen und bis 1796 war sie vollendet.

Dass der Schlossgarten allen offen stand, vermittelt einen guten Eindruck, wie hoch Kurfürst Carl Theodor seine Untertanen wertschätzte.[73]

Eine kurze Betrachtung ermöglicht z.B. die Eingrenzung thematischer Bereiche innerhalb des Gartens, z.B. wird im nördlichen Boskett mit Galatea-Brunnen und Pan-Statue das natürliche, unzivilisierte Leben dem zivilisierten Leben im südlichen Boskett mit Minervatempel, Göttin der Weisheit, Klugheit und Vernunft, und lykischem Apollo, Gott des Lichts, der Heilung, der sittlichen Reinheit

[73] Carl Theodor siedelte 1777 nach München um. Den Englischen Garten in München ließ er ebenfalls für die Bürger öffnen.

und Mäßigung sowie der Künste, insbesondere der Musik, der Dichtkunst und des Gesangs, gegenübergestellt.

Drei freimaurerische Strömungen, die es im Zeitraum der Gestaltung des Gartens in den deutschen Landen gab, kommen als Grundlage der Gartenbaupläne in Betracht, die Einfluss auf den Schlossgarten genommen haben können, wenn er freimaurerisch charakterisiert wird.[74]

Die Freimaurerei in der Kurpfalz

Der englische Gesandte am Pfälzer Hof, Graf Albrecht Wolfgang von Schaumburg-Lippe, war das erste Oberhaupt eines regierenden deutschen Hauses, das Freimaurer wurde. Er war vielleicht der allererste deutsche Freimaurer überhaupt. Er erscheint 1725 in den Mitgliederlisten der Freimaurerloge »Rummer and Grapes« in London, einer der vier Gründungslogen der weltweit allerersten Großloge, die sich am 24. Juni 1717 gegründet hat. Er war mit den englischen Großmeistern John Theophilus Desaguliers und George Payne befreundet. 1727 gründete er eine Freimaurerloge in Mannheim mit dem Namen »Einigkeit«. Damit gibt es schon ca. 30 Jahre

---

[74] Die bekanntesten freimaurerischen Systeme zwischen ca. 1750 und 1796 waren: 1.) Die »Große National-Mutterloge Zu den drei Weltkugeln«. Gegründet 1740 von Friedrich dem Großen (1712-1786) und damit die erste Großloge Deutschlands. 2.) Die sogenannte »Strikte Observanz«, die von Reichsfreiherr Karl Gotthelf von Hund und Altengrotkau (1722-1776) und seinen Mitstreitern hauptsächlich von ca. 1751 bis ca. 1753 geschaffen wurde. Die »Große National-Mutterloge Zu den drei Weltkugeln« hatte sich ab 1765 der »Strikten Observanz« angeschlossen und sagte sich 1780 wieder von ihr los. 3.) Der »Schwedische Ritus«, der auf die sogenannten »Eckleff'schen Akten« von 1756 zurückgeht, findet wohl nach 1759 in Schweden Anwendung. Um 1766 gelangten die »Eckleff'schen Akten« nach Deutschland und führen 1770 zur Gründung der »Großen Landesloge der Freimaurer von Deutschland« durch Johann Wilhelm Kellner von Zinnendorf (1731-1782) in Berlin. Zinnendorf war anfänglich ein Mitstreiter von Reichsfreiherr von Hund bis er sich von ihm, seinem System und zugleich von der »Großen National-Mutterloge Zu den drei Weltkugeln« lossagte.

vor der Freimaurerloge »Carl zur Eintracht« freimaurerische Spuren in Mannheim. 1738 war Graf Albrecht Wolfgang von Schaumburg-Lippe die ausschlaggebende Person, die Friedrich den Großen zur Freimaurerei gebracht hat. Man kann sogar damit sagen, dass die Freimaurerei ihre ersten Schritte in Deutschland in der Kurpfalz, d.h. in Mannheim getan hat.[75]

Carl Theodors (1724-1799) Vorgänger Carl Philipp verbot die Freimaurerei u.a. auf Betreiben der Katholischen Kirche. 1738 trat durch Papst Clemens XII. eine Bannbulle gegen die Freimaurerei in Kraft. Es gibt zwei historische Zitate die darauf hinwiesen, dass Carl Theodor Freimaurer gewesen ist aber wegen des Verbotes seines Vorgängers und der Bannbulle des Papstes, nicht offen damit umgehen konnte, wie es z.B. der evangelische Freimaurer Friedrich der Große das konnte. Clemens August, Herzog von Bayern (1700-1761), umging daraufhin die Bannbulle. Er war zuerst Freimaurer und aufgrund der Bannbulle gründete er 1740 den Mopsordern.[76] Bei dem Mopsorden handelte es sich um eine gemischte Freimaurerei. Carl Theodor war zudem auch Illuminat; sein Name ist in den Mitgliedslisten der Illuminaten zu finden.[77] Zahlreiche Freimaurer konnten u.a. aus diesen Gründen ihre Zugehörigkeit nicht öffentlich bekannt machen. Bekannte Freimaurer im Umfeld des Kurfürsten waren sein Beichtvater Pater Seedorf[78] (1691-1758), der Pfalzgraf Friedrich Michael von Zweibrücken (1724-1767) – der Schwager

---

[75] vgl. Allan Oslo. Die Zeitrechnung der Freimaurer. Edition Königliche Kunst. Verlag Gebrüder Kornmayer. Frankfurt am Main 2012. S. 22-24.

[76] Im Buch »L'Ordre des Francs-Maçons Trahi« von Gabriel Louis Calabre Pérau aus dem Jahr 1745 wird ebenfalls der Mopsorden *verraten*. Diese sogenannte Verräterschrift gilt als eine der Quellen des »Eckleff'schen Systems«.

[77] vgl. René Le Forestier. Les Illuminés de Bavière et La Franc-Maçonnerie allemande. Paris 1914. S. 454 ff.

[78] J. Waldkirch: „Die Geschichte der Loge ‚Carl zur Eintracht'" in G. Berger (Hg): *250 Jahre Freimaurerei in Mannheim, 1756-2006*, Selbstverlag: Mannheim 2006, 9-31, S. 11.

des Kurfürsten, Sir Benjamin Thompson (1753-1814) – seit 1784 enger Berater des Kurfürsten in München. Carl Theodor siedelte 1777 nach München um. Er bestimmte z.B. dass das Schauspiel als wichtiger Wirtschaftsfaktor in Mannheim verbleiben sollte und ernannte den Freimaurer Freiherr Wolfgang Heribert von Dalberg zum ersten Intendanten. Der Freimaurer Ernst II., Herzog von Gotha hatte sein Hoftheater geschlossen. Dalberg verpflichtete dessen Spitzenkräfte im Auftrag des Kurfürsten nach Mannheim, darunter auch den Freimaurer August Wilhelm Iffland. Der Freimaurer Wolfgang Amadeus Mozart gab 1777 etliche Konzerte am Hof und war Musiklehrer der fürstlichen Kinder. Der französische Freimaurer Voltaire war ebenfalls Gast des Kurfürsten in Schwetzingen. Die Auflistung ist keinesfalls erschöpfend oder vollständig.

Carl Theodor ist aber nicht mit seinem Zeitgenossen Friedrich dem Großen vergleichbar. Friedrich der Große war Gründer der ersten Großloge in Deutschland: »Große National-Mutterloge Zu den drei Weltkugeln« (gegr. 1740) und stellt die Freimaurerei unter seinen Schutz. Carl Theodor hingegen widmete den Schlossgarten der Christenheit, d.h. seinen christlichen Untertanen, während Friedrich der Große es in seinem Herrschaftsgebiet jedem überließ nach seiner Façon selig zu werden. Man kann damit zwischen beiden wenig Parallelen ziehen, d.h. weder in ihrer Regentschaft noch in ihren Intentionen. Es muss auch klar hervorgehoben werden, dass die heutige religiöse Toleranz in der Freimaurerei nicht über alle freimaurerischen Systeme rückwirkend gestülpt werden kann und dass es verschiedene freimaurerische Systeme im 18. Jahrhundert gab. Die »Große National-Mutterloge Zu den drei Weltkugeln« war aufgrund ihres Gründers christlich-evangelisch geprägt. So gilt es, genauer der Frage nachzugehen nach welchem freimaurerischen System des 18. Jahrhunderts der Schlossgarten ausgestaltet worden sein kann?

Das Konzept des Schlossgartens

Der Schlossgarten in Schwetzingen ist voller Anspielungen auf Mystik, Hermetik und Alchemie. Die Gestalter des Schlossgartens nutzten hauptsächlich Analogien aus der griechisch-römischen Mythologie und hermetisch-freimaurerische Sinnbilder, um ihre Intentionen zum Ausdruck zu bringen.

Der Garten vermag zugleich die Hermetik, Alchemie und jüdisch-christliche Mystik, die griechisch-römische Mythologie, das Christentum sowie die Freimaurerei miteinander in Bezug zu setzen. Vielleicht ist er noch vergleichbar mit der Kabbalistischen Lehrtafel der Prinzessin Antonia aus dem 17. Jahrhundert aus Bad Teinach. Darauf findet sich der offene Paradiesgarten detailreich aufgemalt, der in Schwetzingen zu einem wirklichen Garten ausgestaltet wurde. Der Schlossgarten ist aus christlicher Sicht heraus gestaltet worden, so dass alle griechisch-römischen Mythen, die im Schlossgarten zur Geltung kommen, auch immer eine christliche Erweiterung erfahren, wie man besonders am Arion-Brunnen erkennen kann. Ovid, der eine besondere Rolle im Schwetzinger Schlossgarten spielt, übertrug alle griechischen Mythen in seinem Buch »Metamorphosen« in die römische Gedankenwelt. Der Garten überträgt wiederum die griechisch-römischen Mythen in die christliche Gedankenwelt. Mit dem Delphin, auf dem Arion sitzt, wird genau die gleiche Thematik aufgegriffen, nämlich der Fisch (gr. ichthus) als geheimes Zeichen der Urchristen. Dabei ist genau an der Stelle in der Bad Teinacher Lehrtafel Jesus Christus dargestellt, der vom Kreuz herabgestiegen ist und Wundmale trägt, die mit den fünf Wasserfontänen des Arion-Brunnen identifiziert werden können. Das Kreisparterre findet sich ebenso auf der Bad Teinacher Lehrtafel wieder. Es gab damit mindestens einen Vorläufer für den Schlossgarten, den es ebenfalls zu berücksichtigen gilt. Die Zusammenhänge zwischen Bad Teinacher Lehrtafel und Schwetzinger Schlossgarten sind erst durch neuere Forschungen in den Fokus des Interesses gerückt.

Das Kreisparterre ist gleichzeitig Mittelpunkt der Gartenanlage, die von West nach Ost gelesen werden möchte, wenn sie z.B. freimaurerisch zu interpretieren ist. Sie weist, sowohl auf christliche Symbolik wie auf das Lateinische Kreuz und das Andreaskreuz als auch auf spezifisch freimaurerische Symbole, wie das 90°ige Winkelmaß und den 60°igen Zirkel hin. (siehe Abb. 1)

Die Parkanlage lässt sich in drei Abschnitte unterteilen:

- Der Englische Garten im Westen ist der Natur nachgeahmt und das Element Wasser überwiegt (Schwarzes Meerle, Großer Weiher, Moscheeweiher). Der Englische Garten kann für die Herrschaft der Natur über den Menschen stehen.

- Der Französische Garten ist von einer geraden Linienführung sowie von rechten Winkeln durchzogen. Er kann für die Herrschaft der Kunst über die Natur stehen. Die Natur wird zum Kunstobjekt. Das Element Feuer spielt im mittleren Bereich des Gartens eine große Rolle; allein durch die fehlende Dominanz des Wassers im Vergleich zum Englischen Garten und der sich darin häufenden Sonnen- und Löwen-Symbolik.

- Der Französische Garten im Osten wird vom Kreisparterre mit dem Arion-Brunnen in der Mitte beherrscht. Der mittlere Bereich ist flach angelegt, so dass der Wind freies Spiel hat. Das Kreisparterre ist durch nördliche und südliche Zirkelgebäude im Osten und durch die beiden Laubengänge *(berceaux en treillage)* im Westen umrandet. Dabei ist es wichtig, dass es sich im Westen um Laubengänge, d.h. um überschreitbare Abgrenzungen handelt, und nicht um Gebäude oder steinerne Mauern, wie im östlichen Bereich des Kreisparterres. Insbesondere soll damit die Verbindung zu den Bereichen im Norden wo Galatea-Brunnen und Pan-Statue sowie im Süden wo Minervatempel und Lykischer Apollo stehen deutlich gemacht werden.

Liegt die Ostseite oben, so zeichnet sich als Grundform deutlich ein lateinisches Kreuz ab.[79] Auffällig sind die Proportionen, z.B. beim Kanal in Form eines Zirkels im Norden mit 60°, mit dem vor dem Bau des Merkurtempels ein Weg in Form eines Winkelschenkels korrespondierte. In der Abbildung 1 im Süden mit 90° dargestellt.[80] Seitenlängen der Schenkel von Zirkel u. Winkelmaß sind identisch.

Die Dreiteilung des Gartens kann u.a. analog zu den drei Elementen der Kabbala, die auf die älteste der Kabbala zugeordnete Schrift, dem »Sepher Jesirah«, aus dem 2. bis 6. Jahrhundert n. Chr. zurückgeführt wird.[81] Diese drei Elemente werden in den antiken Mysterienkulten mit der Reinigung, Erleuchtung und Vereinigung gleichgesetzt und stehen zugleich auch für Geburt, Leben und Tod.[82] Der Schlossgarten möchte dem Besucher eine Initiation erlebbar machen, geleitet aber durch einen Wissenden, einen Führer, einen Psychopompos.[83]

---

[79] Der reine Symbolismus des Kreuzes veranlasste Europäer, es ohne jegliches Bedenken als sicheres Symbol des Christentums aufzufassen. So haben etwa die Seefahrer im Buch »Neu-Atlantis« (1626) von Francis Bacon (1561-1626), die durch einen Sturm auf eine völlig unbekannte, von der Außenwelt abgeschlossene Insel verschlagen wurden, sich schließlich beruhigen können, als sie in einer Dokumentenrolle der Fremden ein Kreuzzeichen fanden (Bacon 1626, S. 6). So ungewiss die reale Beschaffenheit des Fremden war, erschien doch die göttliche Ordnung fraglos selbstverständlich. Ebenso zog das Kreuz in ägyptischen Obelisken, die bereits seit Augustus nach Europa transportiert wurden, die Aufmerksamkeit europäischer Gelehrter auf sich, und zwar als Beweis des christlichen Ursprungs der ägyptischen Kultur.

[80] Die beiden Kanäle umschließen bewusst den Französischen Garten, das Kreisparterre und das Schloss. Der Englische Garten wird ausgeschlossen. Dies ermöglicht die Symbolik innerhalb des Englischen Gartens auch außerhalb der Grenzen der griechisch-römischen Kulturkreises zu suchen.

[81] vgl. Sepher Jesirah – Das Buch der Schöpfung (Deutsch/Englisch). Giovanni Grippo Verlag. 6. Auflage. Oberursel 2015. S. 24 f.

[82] vgl. Van Gennep. Rites des passages. Paris 1909.

[83] Ein Beiname des Gottes Hermes.

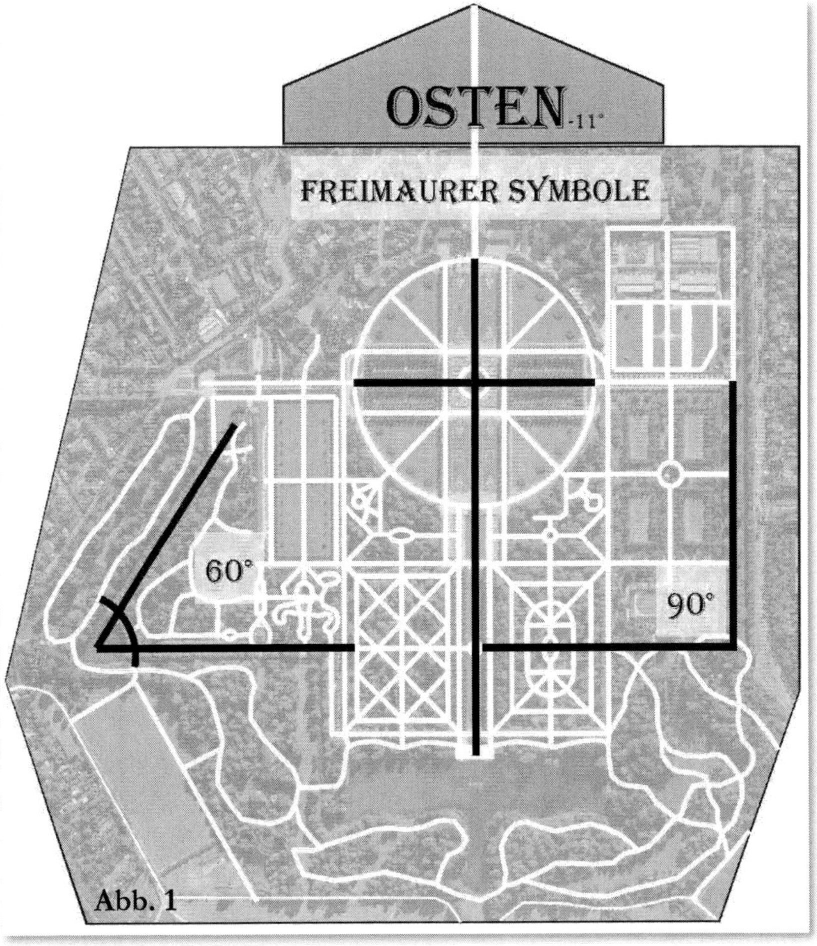

Das sechsteilige lateinische Kreuz wird in der »Monas Hieroglyphica« von John Dee aus dem Jahre 1564 erörtert.[84] Er beschreibt

[84] Im letzten Manifest der Rosenkreuzer von 1616 – namens *Chymische Hochzeit des Christiani Rosencreutz Anno 1459* – findet sich das Symbol der *Monas Hieroglyphica. Monas Hieroglyphica* bedeutet zu Deutsch »verborgene Einheit« und

was es bedeutet und wie es gezeichnet wird, weil es ein Teil seines Symbols der »Monas Hieroglyphica« ist.[85] Es ist auch als ein Hinweis zu verstehen, dass aus dem Lateinischen Kreuz ein Würfel/Kubus werden kann[86]; einem der wichtigsten Freimaurer-Symbole überhaupt. Der Arion-Brunnen bildet in Folge dessen die Mitte einer quadratischen Grundfläche und der Hirschbrunnen die Mitte eines länglichen Vierecks.

Das Kreisparterre und die vier Statuen-Paare

Die Hochachse des Kreisparterres bilden die vier Statuen: kalydonische Atalanta, arkadische Atalanta, Modestia und Justitia. Dabei spielt die kalydonische Atalanta auf den Archetypus einer Jägerin und die arkadische Atalanta auf den Archetypus eine Sammlerin an. Der kalydonischen Atalanta, der Jägerin gegenüber steht im Westen die Justitia, eigentlich eine Minerva-Statue mit Waffen und einer Eule zu ihren Füßen, die den Blick nach hinten wendet. Der arkadischen Atalanta, der Sammlerin steht im Westen die Modestia; Sinnbild der Mäßigkeit. Dabei können Anspielungen aus den Sinnsprüchen in der Moschee herangezogen werden, wie z.B. mäßig beim Sammeln von Reichtümern zu sein oder gerecht und vernünftig zu handeln. Die Anspielung auf die vier Kardinalstugenden können ebenfalls herangezogen werden.[87] Die beiden Statuen sind vergoldet

---

ist ein alchemistisches Schlüsselsymbol, welches als geheimes Erkennungszeichen zwischen Eingeweihten jener Jahrhunderte genutzt wurde. So ähnlich wie z.B. der Fisch von Urchristen als geheimes Erkennungszeichen genutzt wurde.

85 vgl. Monas Hieroglyphica von John Dee. Übersetzt und herausgegeben von Giovanni Grippo nach dem lateinischen Text der Ausgabe von 1564 zu Antwerpen. Giovanni Grippo Verlag. 1. Auflage. Oberursel 2018. S. 56 ff.

86 Athanasius Kircher (1602-1680) nannte in »Oedipus Aegyptiacus« (1652) das so genannte ägyptische Henkelkreuz »crux hermetica« und betrachtete es als einen Beleg für eine uralte Verbindung ägyptischer Weisheit mit christlicher Tradition. Vgl. F. A. Yates 1964. S. 419-420.

87 Kardinalstugenden: Klugheit/Prudentia, Gerechtigkeit/Justitia, Tapferkeit/Fortitudo und Mäßigung/Temperantia.

und weisen damit, wie die goldenen Stierschädel im Minervatempel, auf einen besonderen und gesteigerten Symbolsinn hin. Den beiden Atalanten steht auch der Hirschbrunnen gegenüber, der mit den vier römischen Gottheiten Vulcan, Kybele, Neptun und Juno, die vier Elemente der Alchemie repräsentieren.

Abb. 2

Das Arrangement entspricht einem Bild aus dem »Museum Hermeticum« von 1625 (siehe Abb. 2). Mit den Atalanten selbst wird auch ein Bezug zum hermetischen Buch des Rosenkreuzers Michael Maier namens »Atalanta fugiens« von 1618 gesetzt. Einige Installationen, wie z.B. das römische Wasserkastell und der Tempel der Waldbotanik finden sich u.a. in den Emblemen 9 und 14 wieder. (siehe Abb. 3 und 4)

Abb. 3: Emblem 9

Abb. 4: Emblem 14

An der Gestaltung der Querachse ist deutlich zu erkennen, dass z.B. durch die vier Statuen, die die Querachse des Kreisparterres bilden Dionysos, Ceres[88], Hermes[89] und Aphrodite, auf den Dionysos-Zagreus-Mythos[90], dem Prototypen des theifizierten Jesus Christus, angespielt wird. Obwohl wir uns im Kreisparterre im griechisch-römischen Bereich befinden, in dem nur die römischen Götternamen Anwendung finden sollten, so findet sich am Sockel der griechische Name Dionysos eingraviert. Dionysos wurde bei den Römern Bacchus genannt. Damit wird impliziert, dass auch die anderen drei Statuen: Ceres, Hermes und Aphrodite griechische Namen tragen sollen. Das diese vier Statuen auf der Querachse von Ost nach West (christlich) und dann von Süd nach Nord (eschatologisch) gelesen werden möchten, zeigt die Genialität der Gesamtkonzeption. Der gesamte Garten kann von Ost nach West gelesen werden, dann unterliegt er der christlichen Bedeutungsebene; wenn er von West nach Ost gelesen wird, dann ist das die freimaurerische Bedeutungsebene; wenn er von Nord nach Süd gelesen wird, dann ist das die natürliche Bedeutungsebene und wenn er hingegen von Süd nach

88 Klassische Darstellung von Ceres mit einem Ährenbündel in der linken Hand.

89 Der geflügelte Helm verweist auf Merkur. Der nackte Oberkörper und die aufgegangenen Ähren im Bündel weisen auf Venus (Fruchtbarkeit) hin. Das wäre dahingehend interessant, wenn man berücksichtigt, dass sich im englischen Garten Tempel befinden, die u.a. diesen beiden Gottheiten geweiht sind. Besonders der Tempel der Waldbotanik, der aufgrund der Umgestaltung der ursprünglichen Ceres-Statue vor Ort, damit der Tempel Ceres und zugleich der Venus geweiht zu sein scheint. Ein weiterer Hinweis auf den Hermaphrodit als Vereinigung der Namen Hermes (Merkur) und Aphrodite (Venus) spielt auf die Namensform »Hermaphroditos« an, die in der Literatur erstmals bei Theophrastos belegt ist (Theophrastos. Charakteres 16). Theophrastos von Eresos ist als Bildnismedaillons an der Innenwand des Tempels des Waldbotanik angelegt worden (neben Plinius, Joseph Pitton de Tournefort und Carl von Linné).

90 Firmicus Maternus, der zum Christentum übertrat, schrieb zwischen 346-350 n.Chr. das Buch »De errore profanarum religionum«, in dem er diese Verknüpfung herstellte.

Nord gelesen wird, dann ist es die eschatologischen Bedeutungsebene.

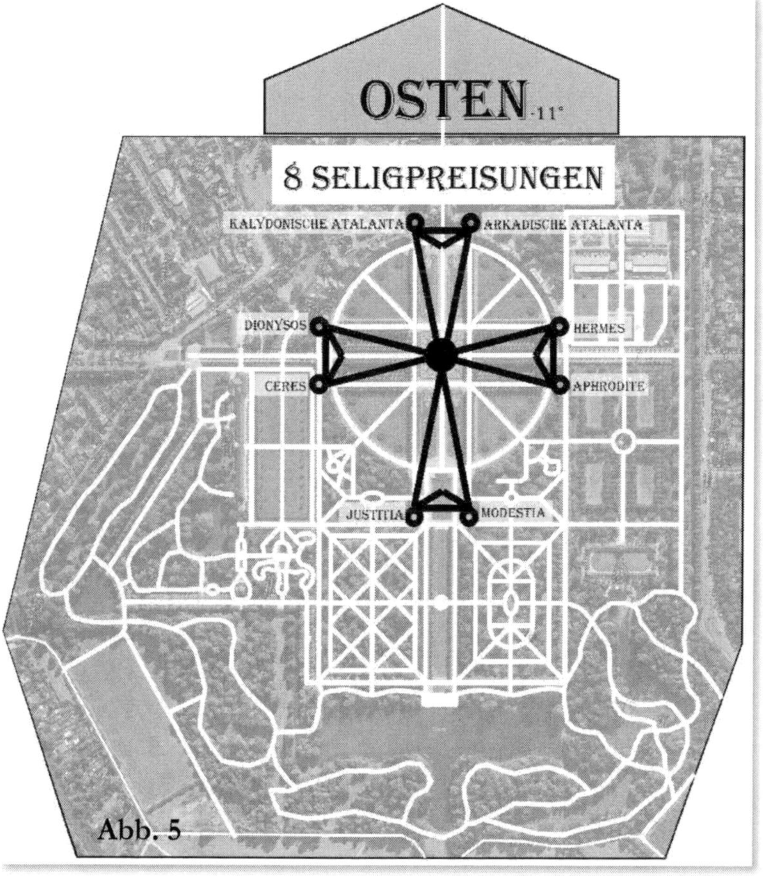

Abb. 5

Die Statuen der Götter Dionysos, Ceres, Hermes und Aphrodite sind in der Querachse auch durch verschiedene Deutungsebenen miteinander verbunden. (siehe Abb. 5) So stehen z.B. Hermes und Aphrodite im Südosten des Kreisparterres sicherlich für den Hermaphroditos. Dionysos und Ceres im Nordosten des Kreisparterres können als Anspielung auf den Satz von Terenz[91] »Sine Cerere et Baccho friget Venus« gedeutet werden, der z.B. von Hans von Aachen (1552-1615) in seinem berühmten Bild »Bacchus, Ceres und Amor« von ca. 1600 verewigt wurde. Damit wird auf Eros/Amor als der körperlichen Liebe und auf den Hermaphrodit als der vereinigenden, geistigen Liebe angespielt.[92]

Es gibt drei Varianten des Dionysos-Zagreus-Mythos:

1) Zeus liebte seinen Sohn Dionysos-Zagreus, was die Eifersucht Heras heraufbeschwor – nicht ganz unähnlich wie bei Herkules.[93] Sie trieb die Titanen an, Dionysos-Zagreus zu töten. Er wurde beim Spielen überrascht und von den Titanen zerrissen und verschlungen.[94] Zeus strafte diese Tat, indem er die Titanen mit einem Blitz pulverisierte. Aus der Vermischung der Asche des Dionysos-Zagreus und der Asche der Titanen soll das Menschengeschlecht entstanden sein. Der Mensch enthielt göttliche und titanische Elemente.

---

91 Publius Terentius Afer, auf Deutsch Terenz (* zwischen 195 und 184 v. Chr. in Karthago; † 159 oder 158 v. Chr. in Griechenland), war einer der berühmtesten Komödiendichter der römischen Antike.

92 In Michael Maiers »Atalanta Fugiens«, Emblem 38 (S. 165), werden Hermes und Aphrodite beim Turteln gezeigt. Eros mit dem Köcher sitzt zu ihrer Linken. Hinter beiden steht ein Hermaphrodit dessen Beine eine Brücke über einen Bergpass bilden, der hinter den sitzenden Hermes und Aphrodite verborgen zu sein scheint. Die Gesichtsausdrücke der Statuen der beiden Gottheiten in der Querachse des Parterres scheinen aus Michael Maiers Werk entnommen worden zu sein, denn sie stellen wohl Momente der Verzückung dar. Interessant erscheint auch, dass es eine gewisse Ähnlichkeit mit dem Bild »Bacchus, Ceres und Amor« von Hans von Aachen gibt, der die beiden gegenüberliegenden Gottheiten der Querachse (Dioynsos und Demeter mit Knaben) auf seinem Bild verewigt hat.

93 Herkules findet im Garten keinerlei direkte Darstellung, wahrscheinlich aufgrund seiner Rauheit und Grobheit oder um den Dionysos-Zagreus-Mythos den Vorrang zu gewähren. Herkules wird aber an einigen Stellen indirekt impliziert.

94 vgl. Karl Kerényi. Die Götter- und Menschheitsgeschichten. Wissenschaftliche Buchgesellschaft. Darmstadt 1951. S. 247.

Nach der antiken Kultgemeinschaft der Orpheotelesten[95] konnte man durch sittliche Reinigung und Initiationen das titanische Element verlieren und ein *backchos* werden.[96] Der Garten verfolgt u.a. genau dieses Gesamtkonzept.

2) Nach einem anderen Mythos hatte Zeus eine geheime Liebschaft mit der sterblichen Semele. Es heißt, die eifersüchtige Hera habe Semele in einer Verkleidung überredet, sie möge sich von Zeus als Liebesbeweis erbitten, sich ihr in seiner wahren Gestalt zu zeigen. Zeus habe sich ihr daraufhin als Blitz gezeigt und sie tödlich verbrannt. Sie war bereits mit Dionysos-Zagreus schwanger und der Fötus wurde von Hermes gerettet. Zeus brachte sich eine tiefe Wunde bei und nähte sich die unreife Leibesfrucht in seinen eigenen Schenkel. Nach drei Monaten öffnete er ihn wieder und brachte Dionysos-Zagreus hervor; er wird deshalb »der zweimal Geborene« oder der »Wiedergeborene« genannt. Mit dieser zweiten Geburt durch Zeus werden seine Göttlichkeit und Unsterblichkeit begründet.

Nach diesem Mythos ist Dionysos der einzige unsterbliche Gott mit einer menschlichen Mutter. Damit lässt sich ein direkter Bezug zu den Evangelien und zur Passion Christi ziehen.

---

[95] Die Orpheotelesten waren eine religiöse Strömung der Antike, die sich ab dem 6./5. Jahrhundert v. Chr. oder schon früher in Griechenland, im griechisch besiedelten Süditalien und an der nördlichen Schwarzmeerküste ausbreitete. Sie beriefen sich auf den mythischen Sänger und Dichter Orpheus, in dem sie den Urheber ihrer Lehren und den Autor maßgeblicher orphischer Texte sahen. Ihr Bestreben war die Vorbereitung auf das von ihnen erwartete Fortleben der Seele nach dem Tod des Körpers. Vgl. Fritz Graf. Eleusis und die orphische Dichtung Athens in vorhellenistischer Zeit. Berlin 1974. S. 1–8.

[96] vgl. Karl Kerényi. Die Götter- und Menschheitsgeschichten. Wissenschaftliche Buchgesellschaft. Darmstadt 1951. S. 247.

3) Nach den Überlieferungen der Orpheotelesten[97] näherte sich Zeus in einer Höhle seiner Tochter, der Unterweltsgöttin Persephone, als Schlange.[98] Ihr Kind war als Dionysos-Zagreus bekannt. Er wird meist als kleines Kind mit Stierkopf[99] dargestellt, da er sich zur Verteidigung in verschiedene Tiergestalten verwandeln konnte.[100]

Damit unterstreicht die Symbolik am Merkurtempel und innerhalb des Minervatempels, dass tatsächlich auf Dionysos-Zagreus und Jesus Christus angespielt wird.[101] Denn an den drei Giebeln des Merkurtempels finden sich jeweils Stierschädel, die auf eine Opferung außerhalb des Tempels anspielen, so wie es in der Antike üblich war.

Im Minervatempel finden wir vergoldete Stierschädel an zwei Opferstellen innerhalb des Tempels, was den Bezug zur Eucharistie nahelegt, d.h. die Opferung Jesu Christi innerhalb des Tempels bzw. innerhalb des Kirchenraums.

---

97 Es gibt neben dieser orphischen verschiedene andere Fortsetzungen der Geschichte über die Tötung des Dionysos durch die Titanen: Nach einer anderen Geschichte entstand der erste Weinstock aus der Asche der verbrannten Glieder des Zagreus. In einer weiteren Version wird berichtet, dass die gekochten Glieder des ersten Dionysos in die Erde kamen, wo die Erdentsprossenen ihn zerrissen und gegessen hätten. Ceres aber habe die Glieder gesammelt, und darunter sei die Entstehung des Weinstocks zu verstehen.

98 vgl. Karl Kerényi. Die Götter- und Menschheitsgeschichten. Wissenschaftliche Buchgesellschaft. Darmstadt 1951. S. 245.

99 Die Hörner können auch als Hinweis auf die Leiden, denen das Gotteskind ausgesetzt war, verstanden werden.

100 Seine Tiergestalt war der Stier, was ihn mit seinem Vater Zeus verbindet.

101 Firmicus Maternus, der zum Christentum übertrat, schrieb zwischen 346-350 n. Chr. das Buch »De errore profanarum religionum«, in dem er diese Verknüpfung herstellte.

Der Tempel der Waldbotanik

Mit diesem Wissen, um die Dionysos-Zagreus-Mythen, erlangt die Querachse des Kreisparterres und ihre vier Statuen: Dionysos, Ceres, Hermes und Aphrodite eine weitere Bedeutungsebene. Sie weisen den Weg zum Tempel der Waldbotanik. (siehe Abb. 6) Der Tempel befindet sich im Nordosten der Gartenanlage, im englischen Garten. Großer Obelisk und römisches Wasserkastell sind in Sichtweite.

Der Dionysos-Zagreus-Mythos ist dort in ein Monument gegossen worden. Denn die Statue im Tempel war eingangs die der Göttin Ceres. Sie hielt ursprünglich Ähren in der Hand, wurde aber vor Ort umgestaltet.[102] Jetzt trägt sie eine Schriftrolle mit den Worten »Caroli Linnei Sistema Plantarum« und weist so auf die Errungenschaften des schwedischen Botanikers und Forschers Carl von Linné hin. Der Tempel hat einen Unterbau, der aber nicht von außen betreten werden kann. Der Einlass in der Mitte des Tempelraums ist sehr klein. Im besten Fall könnte ein Säugling oder ein Kind dadurch passen, was an den Mythos der Geburt des Dionysos in einer Höhle entspräche. Durch die Umgestaltung der ursprünglichen Ceres-Statue mit den unverdeckten Brüsten kann sie zugleich auch Aphrodite darstellen. Aphrodite gab Dionysos einen Kranz, den er in der Querachse des Kreisparterres trägt. Hermes rettete ihm das Leben. Vieles beim Tempel der Waldbotanik deutet auf den Dionysos-Zagreus-Mythos hin und damit auf die Querachse des Kreisparterres.

Es sind vier Bildnismedaillons an der Innenwand des Tempel der Waldbotanik angelegt, die Theophrastos von Eresos und Plinius,

---

102 Das ermöglicht Interpretationen, wie z.B. dass es sich hier auch um eine erweitere Darstellung der Venus handeln könnte. Sie wird wie die Göttin Venus mit nacktem Oberkörper dargestellt. Reife Ähren sind ebenfalls ein Symbol für Fruchtbarkeit.

Joseph Pitton de Tournefort und Carl von Linné abbilden. Dadurch wird ein zweites Mal Carl von Linné gehuldigt.

Im Mai 1774 erlitt Carl von Linné während einer Vorlesung im Botanischen Garten der Universität Uppsala einen Schlaganfall. Ein zweiter Schlaganfall 1776 lähmte seine rechte Seite und schränkte seine geistigen Fähigkeiten ein. Nicolas de Pigage beginnt 1777 mit dem Bau des Tempels. Als Carl von Linné am 10. Januar 1778 starb, lässt Nicolas de Pigage das Jahr 1778 am Giebel des Tempels der Waldbotanik anbringen. Der Bau selbst wird aber erst 1780 fertiggestellt. Damit wird Carl von Linné ein drittes Mal gehuldigt. Der Tempel der Waldbotanik ist u.a. eine Hommage an Carl von Linné und sein Lebenswerk.

Abb. 6

Der Grund ist aber nicht nur sein botanisches Vermächtnis. Um sich seinen Lebensunterhalt zu verdienen, ließ sich Carl von Linné im September 1738 in Stockholm als Arzt nieder. Er hatte anfängliche Schwierigkeiten. Durch die Bekanntschaft mit Carl Gustaf Tessin erlangte er recht schnell Zugang zur Stockholmer Gesellschaft. Carl Gustaf Tessin war schwedischer Politiker, Reichsrat, Präsident der Staatskanzlei, Landmarschall des schwedischen Ständereichstags. Er gilt als einer der einflussreichsten schwedischen Politiker des 18. Jahrhunderts. Er war Freimaurer.[103] Am 17. März 1735 wurde er als eines der ersten Mitglieder der Freimaurerloge »Count Wrede Sparre's Lodge« aufgenommen. Die Versammlung, die im Steinbockpalast stattfand, wurde von Graf Axel Wrede Sparre geleitet.[104] Tessin war der Schwager von Wrede Sparre. In seinem Buch aus dem Jahr 1873 nimmt Dr. Johannes Gistel an, dass Carl von Linné Freimaurer des schwedischen Freimaurerordens war. Er wurde folgerichtig 1738 in die »Count Wrede Sparre's Lodge« aufgenommen. Die Aktivitäten der Freimaurerloge waren ungleichmäßig und ab 1752 gingen alle Mitglieder in die neu gebildete Freimaurerloge St. Jean Auxiliaire über. Sie gilt heute als die schwedische Mutterloge und arbeitete nach 1759 nach dem »Eckleff'schen System«. Heute spricht man allgemein vom »Schwedischen Ritus«.[105] Er

---

103 vgl. Tidskriften Frimuraren nr. 4/2009

104 vgl. Carolus Linaeus. Ein Lebensbild. Von Dr. Johannes Fr. X. Gistel, genannt G-Tilesius. Mit Bildniss und Handschrift. J. D. Sauerländer's Verlag. 1873 (S. 288): IV. Linnaeus gehörte wahrscheinlich dem Freimaurer-Orden an, von dessen wohlthätiger Wirksamkeit das durch diesen 1753 gestiftete grosse Freimaurer-Waisenhaus (Frimurarebarnhuset) auf Norrmalm, zwischen Malmtorgs - und Drottninggata zeugt. - Für Freimaurer höchster Grade stiftete König Carl XIII. i. J. 1811 den Orden Carl's XIII. am 27. Mai.

105 Das »Eckleff'sche System« basiert auf Akten von 1756, die in Chiffreschrift in französischer Sprache abgefasst wurden und im Namen eines ausländischen Großkapitels »Grand Chapitrede la Confraternité l'Illuminée« unterzeichnet sind. Das System findet wohl nach 1759 in Schweden Anwendung. Karl von Södermanland (1748-1818), der Nachfolger Karl Friedrich Eckleffs (1723-1784), führt eine Generalreform in den Jahren 1777-1780 durch, worunter man heute den »Schwedischen Ritus« versteht.

baut im Gegensatz zur drei-gradigen Freimaurerei (Lehrling, Geselle und Meister) auf zehn zusammenhängenden Graden auf.

Damit haben wir eine klare Verbindung zwischen dem »Eckleff'schen System« und späteren »Schwedischen Ritus« und dem Schwetzinger Schlossgarten gefunden, der lange auf sich hat warten lassen. Denn bis heute ist nicht klar, nach welchem freimaurerischem System/en des 18. Jahrhunderts der Schlossgarten angelegt worden war. Interessanterweise bezeichnet man heute den »Schwedischen Ritus« als ein evangelisches System, was aber zu Zeiten von Kurfürst Karl Theodor nicht der Fall war. Denn das »Eckleff'sche System« war christlich aber konfessionslos. Erst die Reformen vom schwedischen König Karl XIII. zwischen 1777-1780 machten es zu einen rein evangelischen System. In Deutschland erfolgte eine Reform zwischen den Jahren von 1826 und 1843. Diese behielt aber den konfessionslosen Charakter des ursprünglichen Systems bei.[106] Damit konnte der katholische Kurfürst Carl Theodor ohne Probleme auf dieses System zurückgreifen, während das System der »Großen National-Mutterloge Zu den drei Weltkugeln« evangelisch war und das System der »Strikten Observanz«[107] nach dem »Wilhelmsbader Konvent« (1782) im Sterben lag.[108]

So zeigen die neuesten Forschungsergebnisse, dass bei der freimaurerischen Erschließung des Schwetzinger Schlossgartens auf den

---

106 Dennoch sprach man fälschlicherweise davon, dass auch das deutsche System nach Eckleff/Zinnendorf evangelisch sei, was aber nicht der Fall ist; wohingegen es aber auf das schwedische Freimauersystem zutrifft.

107 vgl. René Le Forestier. Die templerische und okkultistische Freimaurerei im 18. und 19. Jahrhundert. Erstes Buch. Die Strikte Observanz. Erste Auflage. Werner Kristkeitz Verlag. Leimen 1987. S. 162.

108 vgl. Reinhold Taute. Der Wilhelmsbader Konvent und der Zusammenbruch der Strikten Observanz. Nach Originalakten und zuverlässigen Quellen dargestellt. Frank Wunder Verlag. Berlin 1909. S. 18ff.

zehn-gradigen in Deutschland bis heute bestehenden »Schwedischen Ritus« zurückgegriffen wurde.[109] Damit können gezielt Arbeitstafeln[110] des »Schwedischen Ritus« in Deutschland mit Installationen und Boskette im Schwetzinger Schlossgarten abgeglichen werden; aber ohne dabei den freimaurerisch-französischen Einfluss des Hauptarchitekten Nicolas de Pigage zu übersehen und die dreigradigen freimaurerischen Systeme des 18. Jahrhunderts unberücksichtigt zu lassen.

---

[109] Dadurch fallen automatisch Übertragungen weg, wie z.B. rituell im Uhrzeigersinn zu gehen, weil diese im »Schwedischen Ritus« bis heute nicht üblich sind.
[110] Arbeitstafeln (auch Arbeitsteppiche genannt) sind rechteckige Tafeln aus Holz, Papier oder Stoff (Teppich) mit früher aufgezeichneten oder aufgemalten, heute aufgedruckten freimaurerischen Symbolen.

Uwe Hauth

Diplom-Archivar
Traben-Trarbach

Jahrgang 1963. Abschluss als Maler- und Lackierermeister mit dem Schwerpunkt Baudenkmalpflege.

Studium der Informationswissenschaften, Fachrichtung Archiv an der Fachhochschule Potsdam. Abschluss als Diplom-Archivar.

Seit 2005 Mitarbeiter des Archivs der Evangelischen Kirche im Rheinland.

Seit 2017 Freimaurer.

Mitglied der Forschungsvereinigung »Frederik«.

Leiter der Abordnung »Rhein-Mosel« der Wolfstieg-Gesellschaft.

Von den Anfängen des Gärtnerberufes bis zur Gründung der Freigärtnerloge

von Uwe Hauth

Die vom Deutschen Gartenbaumuseum in Erfurt konzipierte Sonderausstellung 2012 zeigt anhand zahlreicher originaler Exponate die Facetten des Gärtnerberufes vom 15. bis ins 20. Jahrhundert. Abbildungen, Fotografien und Dokumente veranschaulichen die Wandlungen des Gärtnerberufes durch die Epochen. Auch Hinweise auf die Freigärtner fanden sich dort.[111]

Wenn in frühesten Schriftquellen des Mittelalters „gertari" oder „gartineri" genannt werden, so handelte es sich keinesfalls um Gärtner im heutigen Verständnis, sondern lediglich um Menschen, die ein Stück Gartenland bewirtschafteten. Die Besitzer oder Pächter solcher Gartenstücke gehörten in dieser frühen Zeit einer ärmeren, bestenfalls kleinbäuerlichen Schicht an (Kätner, Krauter, Häusler), die sich eher notdürftig u.a. von ihren Gartengewächsen ernährte und relativ geringes Ansehen besaß. Von einer Gärtnerausbildung konnte keine Rede sein. Man wirtschaftete einfach nach bestem Wissen, wie es schon die Großeltern taten.

Einen ersten, kräftigen Schritt in Richtung eines professionellen Gärtners unternahmen die mittelalterlichen Klöster. Besonders die Zisterzienser betrieben seit etwa 1100 in Form von Mustergütern in entlegenen Landesteilen neben Landwirtschaft auch Gartenbau für Kräuter, Obst und Gemüse.[112] Ihre theoretischen Kenntnisse über den Gartenbau bezogen die Mönche u.a. auch aus Fachbüchern der

111 https://taspo.de/kategorien/die-anfaenge-des-gaertnerberufs-arme-krauter-kundige-moenche-und-ruehrige-zunftmeister/

112 Durch die grenzüberschreitende Tätigkeit der Kreuzfahrer (besonders der Tempelritter) konnten zudem Fortschritte in der Landwirtschaft erzielt werden, die eine Urbanisierung Europas stark begünstigt haben.

Antike und von Kirchenlehrern. Manche von ihnen verfassten selber Schriften über Gartengewächse und ihre Kultivierung, wie beispielsweise der Benediktiner Walahfrid Strabo auf der Insel Reichenau im Bodensee. Er schrieb im Jahr 827 sein berühmtes „Liber de cultura hortorum" (zu Deutsch „Buch über die Gartenkultur").

Einzelne Klosterbrüder waren von ihrer Gemeinschaft dazu ausersehen, die praktische Gartenarbeit zu erledigen. Insofern könnte man mit einiger Berechtigung die mittelalterlichen Klöster als früheste Keimzellen eines späteren Gärtnerberufs bezeichnen. Dort wurde gärtnerisches Fachwissen systematisch gesammelt und von zu Gärtnern bestimmten Klosterbrüdern praktisch angewendet. Durch die Klöster gewann der Gartenbau deutlich an Gewicht.

Die nächste Etappe hin zu einer Gärtnerprofession erfolgte vor den Toren der mittelalterlichen Städte. Dort wohnten Menschen, die größere Gartenflächen speziell für Gemüse kultivierten, ihre Familien mit Gartengewächsen versorgten und überschüssige Produkte auf den städtischen Märkten verkauften. In Frankfurt am Main beispielsweise wurden erstmals im Jahr 1215 Gärtner urkundlich erwähnt und in der späteren Gartenbaumetropole Erfurt im Jahr 1315 ein gewisser „Heinrich der Gertenere" namentlich genannt. In den Gärten vor der Stadt arbeitete die ganze Familie, wobei es oft Frauen waren, die für den Verkauf sorgten. Allerdings war der Erlös aus der Gartenbewirtschaftung bescheiden. Man konnte kaum davon leben. Ihre Besitzer gehörten immer noch zur ärmeren Bevölkerung.

In bedeutenden Städten des späten Mittelalters, in denen der Gartenbau intensiver betrieben wurde, schlossen sich die im Gartenbau tätigen Einwohner ähnlich wie die Handwerker in Zünften zusammen. Aus Basel ist die älteste bekannte Gärtnerzunft von 1268 bekannt, 1351 in Straßburg, 1370 in Lübeck und 1373 in Würzburg. Die Gärtnerzünfte waren die ersten Kooperationen, die in ihren Statuten für eine geregelte Ausbildung zum Gärtner sorgten.

Der Meister einer Zunft als Lehrherr musste einen anerkannt guten persönlichen und fachlichen Ruf genießen. Er durfte nur einen Lehrling aufnehmen.

Die Lehrzeit dauerte in der Regel drei Jahre und endete mit dem Gesellenbrief. Es schlossen sich zwei bis drei Jahre gärtnerischer Tätigkeit bei anderen in der Gärtnerei erfahrenen Meistern an. Nach Abschluss dieser Gesellenzeit bot sich die Möglichkeit, die Meisterprüfung abzulegen. Sie bestand im Nachweis von Kenntnissen in der Pflanzen- und Obstsortenkunde sowie in der Veredlung von Obstbäumen. Seit dem 16. Jahrhundert musste der Kandidat mit einem Meisterstück zeigen, dass er beispielsweise in der Lage war, einen Wurz- oder Irrgarten anzulegen.

Aber Zünfte waren für vieles mehr zuständig als nur für die Ausbildung. Sie regelten alle Belange ihres Berufsstandes und vertraten gegenüber dem Magistrat ihre Interessen. An der Spitze standen Zunftmeister. Zu den Aufgaben einer Gärtnerzunft gehörten: Regelung des Anbaus, Qualitätskontrolle der Gartenprodukte, Einhaltung der Marktregeln und der Verkaufspreise, auch entschied der Zunftmeister über die Niederlassung von Gärtnern. Darüber hinaus unterhielten Zünfte Unterstützungskassen bei Krankheit und Tod. Ferner wirkten sie bei der Brandbekämpfung und Verteidigung ihrer Stadt mit.

Zünfte wachten auch über das Privatleben ihrer Mitglieder und deren Auftreten in der Öffentlichkeit. Schon damals war „Imagepflege" ein wichtiger Punkt. Der gute Ruf galt viel. Gärtnerzünfte hatten sehr lange Bestand. Erst gegen Ende des 19. Jahrhunderts mussten sie neuen Entwicklungen weichen. An ihre Stelle traten Vereine und Verbände.

Angeregt durch die Ausstellung in Erfurt, begann ich mich mit den Freigärtnern zu beschäftigen, aber sehr schnell musste ich feststellen, dass es so gut wie keine Literatur in deutscher Sprache darüber gab. Im Internet fand ich dann einen Literaturhinweis über die Freigärtner in Schlesien.[113]

Die aus dem Feudalismus stammende soziale Standesbezeichnung Freigärtner kennzeichnet die Besitzer kleinster Anwesen. Der Begriff kommt überwiegend in Schlesien vor. Die Gartengrundstücke hatten unterschiedliche Größen. Es waren meistens schlechte am Wald und Heide gelegene Äcker. Auch Holzeinschlag und Forstpflege oblag ihnen. Der preußische König Friedrich II. (1712-1786) ließ durch seine „sogenannte innere Kolonisation" nach 1752 bis zu 900 Kolonistendörfer anlegen. Mit entsprechenden Dekreten und finanziellen königlichen Mitteln wurde den Gutsbesitzern Land abgekauft und dieses mit Freigärtnern besetzt. Durch Werbemaßnahmen des preußischen Königs wurden zahlreiche Kolonistendörfer mit Gewerbeansiedlungen sowie Spinner- und Weberdörfer in Schlesien und Preußen erschaffen. Besonders begehrt war die Befreiung vom Kriegsdienst bei den Kolonisten, ebenso wie die Glaubensfreiheit. Die königliche Order zur Auswahl der Kolonisten betraf vorwiegend Exulanten wie Sachsen, Böhmen, Holländer oder Hugenotten. Die geplante Bevölkerungsmehrung wurde durch die administrativen Vorgaben mit den Gründungen von Kolonistendörfern im preußischen Staat erreicht: 1767 zählte man 30.500 Freigärtner in Schlesien. Diese waren in Bruderschaften organisiert.

Aber weiter ging die Suche. Ein Freimaurerbruder machte mich auf das folgende englischsprachige Buch mit dem Titel: „Cracking the Freemason´s Code" aufmerksam, das ich mir dann besorgte.[114]

---

[113] Jochen Oltmer / Ulrich Niggemann: Handbuch Staat u. Migration in Deutschland seit dem 17. Jahrhundert. De Gruyter Oldenbourg. 2016. S. 117–218.

[114] Der nun folgende Text stammt aus dem nachfolgenden Buch und wurde von mir frei übersetzt: Cracking the Freemason´s Code – The truth about Solomon´s key and the brotherhood; Cooper, Robert L.D.; Random House 2006; Kapitel 10 The Order of Free Gardeners; S. 161-185.

Beim Studium der Literatur erkannte ich schnell, dass Freigärtner und Freimaurer sehr viel gemeinsam haben, aber es auch Unterschiede gibt. Man könnte folgendermaßen sagen: „Die Freimaurer arbeiten am Tempel, sprich dem festen Gebäude, und die Freigärtner an dem Garten, also am Paradies oder anders gesprochen, die einen nehmen ihre Symbolik aus der Architektur und die anderen aus der Gartenkultur.“

Die älteste bekannte Loge der Freigärtner ist die „Ancient Fraternity of Free Gardeners of East Lothian” in Haddington (Schottland), diese wurde im Jahre 1676 gegründet. Erst 1849 wurde in Penicuik die erste Großloge der Freigärtner, die „Grand Lodge of the Ancient Order of Free Gardeners“ gegründet.

Die Freigärtner waren wesentlich ortsverbundener als die Freimaurer. Eine freigärtnerische Legende besagt, dass als der Bau des Salomonischen Tempels fertiggestellt war, zogen die Bauarbeiter weiter, die Gärtner aber sind geblieben, um die Pflanzen zu hegen und zu pflegen und diese für Herstellung von Öle und Räucherwerk für den Tempeldienst und die Rituale bereitzustellen.

Augenscheinlich sind die Symbole der Freigärtner denen der Freimaurer ähnlich. Beide tragen bei ihren rituellen Arbeiten Schurze und Beamtenabzeichen. Ihre zentralen Symbole sind Winkelmaß und Zirkel, doch gehört bei den Freigärtnern noch ein halb geöffnetes Gärtnermesser dazu. (siehe Abb. 1)

Die Loge der Freimaurer ruht auf den drei Säulen: Weisheit, Stärke und Schönheit. Bei den Freigärtnern sind es vier: Liebe, Weisheit, Harmonie und Wahrheit.

Die Freigärtner kennen wie die Freimaurer drei Grade, die denen von Lehrling, Geselle und Meister entsprechen. Bei den Freigärtnern ist der 1. Grad Adam, dem ersten Gärtner zugeordnet, der 2. Grad Noah, der die Saat weitergereicht hat und schließlich der 3.

Grad König Salomo, der zusammen mit seinem Tempel einen diesen umgebenden Garten anlegen ließ. Etwas später im Bericht werde ich auf diese Punkte noch einmal genauer eingehen.

Abb. 1

Im 18. Jahrhundert rückten Freigärtner und Freimaurer stärker zusammen. Viele wurden Doppelmitglieder bei beiden Bruderschaften. Auffallend ist, dass wesentlich mehr Brüder bei den Freigärtnern begannen, bevor sie auch Freimaurer wurden.

Die Definition des deutschen Wortes „Garten" steht für ein abgegrenztes Stück Land, in dem Pflanzen gepflegt werden. Es leitet sich aus dem mittelhochdeutschen Wort gart(e)nære, gertner, althochdeutsch gartāri (8. Jahrhundert), gartināri (9./10. Jahrhundert) ab.[115]

In der Bibel spielen die Wörter Paradies und Garten eine sehr große Rolle. Diese Wörter finden sich in acht verschiedenen Bibelstellen, so bei Moses, den Propheten Jesaja und Jeremia, bei den Evangelien des Johannes und Lukas, sowie im 2. Korinther und der Offenbarung.[116] In diesen Bibelstellen findet man die Genesis, das Hohelied Salomos und den Garten Gethsemane. Interessant ist, dass Jesus in einem Garten gefangengenommen wird und sein Grab sich in einem Garten befindet.[117] Als Maria aus Magdala das leere Grab Jesu aufsucht, begegnet er ihr, aber sie erkennt ihn nicht und hält ihn für den Gärtner.[118]

In fast allen mittelalterlichen Städten gab es Zünfte, die durch Verträge mit ihren Gemeinden verbunden waren. Jede Zunft zum Beispiel vertrat die Rechte des jeweiligen Handwerks und war zuständig für die Organisation und Qualifikation ihrer Mitglieder. Den Gärtnern war es jedoch kaum möglich, in Schottland eine Gilde oder Zunft zu bilden, da die Gärtner auf dem Land wohnten und ihre Arbeitsstätten weit auseinander lagen. Im Jahre 1626 gründete sich

---

115 Wolfgang Pfeifer [Leitung]: Etymologisches Wörterbuch des Deutschen. 2. durchgesehene und erweiterte Auflage. Deutscher Taschenbuch Verlag, München 1995. Stichwort „Garten."

116 Biblisches Nachschlagewerk. Württembergische Bibelanstalt. Stuttgart. 1964, S. 272-273, 371.

117 vgl. Johannes 19,41.

118 vgl. Johannes 20,15.

die erste Zunft der Gärtner in Glasgow, in ihr waren die Gärtner und Gemüsehändler vertreten. Auf dem Land organisierten sich die Gärtner in lodges (Logen).

In ganz Schottland gab es nur die in Glasgow 1626 gegründete Zunft der Gärtner und Gemüsehändler. So blieb den Gärtnern in den kleinen Städten und Dörfern nur die Möglichkeit, sich in „Logen“ genannten Gesellschaften zu organisieren. Die ersten Freigärtnerlogen, von denen wir schriftliche Aufzeichnungen haben, wurden Mitte des 17. Jahrhundert gegründet, um das Handwerk der Gartenarbeit und die Gärtner selbst zu fördern, zu organisieren und sich gegenseitig zu unterstützen. Sie dienten darüber hinaus dem Erfahrungsaustausch, dem Handel mit Samen und Pflanzen und auch als Hilfe bei der Stellensuche und zur Stellenvermittlung von Gärtnern.[119]

Über 350 Jahre waren die Bruderschaften der Freigärtner in Schottland dafür verantwortlich, dass die Mitglieder ihr fachliches Wissen in der Pflanzenkunde und –pflege in der Gemeinschaft verbreitet und dass die Berufsanfänger gut ausgebildet wurden.

Sehr gute Freigärtner schafften es, in Schottland in der Nähe des Golfstroms im 18. Jahrhundert zum Beispiel Ananas und Weintrauben anzubauen.

In der 2. Hälfte des 18. Jahrhunderts war es der Gartentheoretiker und –praktiker Friedrich Casimir Medicus, Botaniker und Gartendirektor am Mannheimer Hof, der sich entschieden gegen die höfischen Barockgärten aussprach. Er gehörte, so würde man heute sagen, zu den Netzwerkern, da er für den Austausch von Wissen stand. Die neue Form die den Barockgarten ablöste, spielte auch bei

---

119 Cracking the Freemason´s Code – The truth about Solomon´s key and the brotherhood; Cooper, Robert L.D.; Random House 2006. Kapitel 10: The Order of Free Gardeners. S. 161-185.

den Landlords und Lairds eine große Rolle. Lairds waren im Gegensatz zu den Landlords keine Adligen, sondern nur Landbesitzer.

Die Freigärtnerlogen fanden großen Zulauf, nicht nur wegen ihres sozialen Engagement und bald wurden sie auch Heimat für andere Berufsstände, denen die Gründung von Zünften und Gilden verwehrt war: Ärzte, Rechtsanwälte, Soldaten, Beamte, Händler und freie Handwerker. Die Loge in Dunfermline zum Beispiel führte akribisch Buch über ihre Mitglieder seit ihrer Gründung 1716. Die Loge veröffentlichte zu ihrer Hundertjahrfeier in einer Festschrift eine Mitgliederliste, die einen Herzog, einen Marquis, sechs Earls, sieben Lords, acht Ritter und Hunderte von Gutsbesitzern und Lairds aufwies.

Die Freigärtner wirkten nicht im Verborgenen, sie waren ein geachteter, aktiver und deutlich sichtbarer Teil des Gemeinwesens. So gab es jedes Jahr meist im Sommer eine Parade, die vom Stadtpfeifer oder einem anderen Musikanten und einem kostümierten Charakter namens „Old Adam“, alter Adam, mancherorts auch „Grüner Mann“ genannt, angeführt wurde. Die Figur des grünen Mannes, der die Fruchtbarkeit der Natur symbolisiert, gehört zum vorchristlichen keltischen Erbe Schottlands. Man führte bei der Parade auch eine Blumen geschmückte Laube mit sich, die den Garten Eden repräsentierte und „Ehren-Jungfrauen“ trugen Blumensträuße. Der Umzug endete mit Essen und Tanz auf der Festwiese.

Welche bedeutende Rolle die Freigärtner in einem Ort spielten, zeigt sich am Beispiel von Haddington. Dort besaß die Loge in der Kirche ein eigenes Abteil, dessen Balustrade grün gestrichen und mit Blumen bemalt war. Wenn ein Logenmitglied starb, wurde dieses Abteil mit schwarzen Tüchern verhängt.[120]

---

120 Cracking the Freemason´s Code – The truth about Solomon´s key and the brotherhood; Cooper, Robert L.D.; Random House 2006; Kapitel 10 The Order of Free Gardeners; S. 161-185.

Nun machen wir einen Schnitt und gehen auf die Geschichte der Freigärtnerloge „Carl Theodor zum goldenen Garten" ein.[121]

Die moderne Freigärtnerei ist ein brüderlicher Zusammenschluss, der sich von Schottland nach England, Irland und in die britischen Kolonien ausgebreitet hat. Das älteste überlieferte Protokoll einer Freigärtnerloge ist jenes vom 16. August 1676 in Haddington (Schottland). Die Freigärtner sehen unter anderem im Garten einen spirituellen Zugang zu sich selbst. Die Idee der Freigärtner nimmt insbesondere Bezug auf den biblischen Paradiesgarten sowie auf die Pflege des Erdbodens, was metaphorisch mit der Kultivierung des Geistes, der Seele und der Tugenden gleichgesetzt wird. Die Berufung auf den Paradiesgarten aber auch auf den Lebensbaum, der mitten im Paradiesgarten steht, stellt eine bewusste Verbindung zur jüdisch-christlichen Mystik dar.

Im Buch des Großarchivars der schottischen Freimaurer-Großloge Robert L. D. Cooper namens „Cracking the Freemason´s Code", das schon in den Fußnoten erwähnt wurde, schreibt er zu den Freigärtnern:

> Die Freigärtner [...] sind geheimnisvoller als die Freimaurer. Es scheint, dass sie ein geheimes Wissen auf einem ähnlichen Level wie die Freimaurer anbieten. Einige mögen ihr Wissen aufgrund seiner verhältnismäßigen Verschlüsselung sogar für interessanter halten, denn das Ritual enthält kabbalistische Elemente sowie diverse idiosynkratische Merkmale.

Am 17. März 2020 wurde in Schwetzingen die Freigärtnerloge „Carl Theodor zum goldenen Garten e.V." vereinsrechtlich gegründet. Zeremoniell noch nicht. Sie ist die allererste Freigärtnerloge

---

121 Auszüge aus dem Vortrag, den ich am 01.07.2020 im Zoom-Meeting der Wolfstieg- Gesellschaft gehalten habe. Bedanken möchte ich mich bei G. Grippo für die Unterstützung.

Deutschlands. Sie ist gemeinnützig, im Vereinsregister eingetragen und steht mit der ältesten, schottischen Tradition der Freigärtnerei von 1676 in direkter Verbindung.

In der Satzung der neugegründeten Freigärtnerloge steht, dass der gemeinnützige Verein seine Ziele dadurch erreichen möchte, „indem er öffentliche Vorträge, Kolloquien und Führungen durch Parkanlagen und ähnlich gestaltete Denkmäler anbietet, Publikationen sowie geeignetes Informationsmaterial bereitstellt, Spenden sammelt, mit seinen Interessen an die Öffentlichkeit tritt, verantwortungsbewusstes Handeln gegenüber Natur Parkanlagen und Denkmälern sowie damit in Verbindung stehender Kultur und Kunst einfordert und Projekte Dritter oder von Vereinsmitglieder unterstützt, die dem Vereinszweck dienen."

Das Logensiegel wird von 72 kleinen Kreisen umrandet. (siehe Abb. 2) Damit soll auf diese besondere Zahl hingewiesen werden, denn in ihr kommen spirituell-spekulatives und freigärtnerisch-fachliches Wissen zusammen. Der Frühlingspunkt der Sonne auf der Ekliptik verschiebt sich alle 72 Jahre um einen Grad.

Der Bienenkorb gilt als Symbol einer perfekten und harmonischen Gesellschaftsordnung. Die als Vierergruppe abgebildeten Bienen stehen wiederum für die vier Freigärtner-Tugenden: Liebe, Weisheit, Harmonie und Wahrheit. Das Symbol des Bienenkorbes haben sie ebenfalls mit den Freimaurern gemeinsam.

Die Olivenzweige, die sich wie ein Siegeskranz um den Bienenkorb erheben, stehen u.a. für den Olivenzweig im Schnabel der Taube als die Sintflut zu Ende ging.[122]

---

[122] vgl. 1. Buch Moses 8,6-12.

Das Winkelmaß soll dem Lehrling aufzeigen, dass er moralisch zu handeln hat.

Der Zirkel soll dem Lehrling aufzeigen, dass er sich mit Fleiß die Pflichten der Bruderschaft anzueignen hat.

Das Gärtnermesser soll dem Lehrling aufzeigen, dass er seinen eigenen Geist und die brüderliche Zuneigung gegenüber allen Menschen kultivieren muss.

Abb. 2

Der Wunsch der schottischen Freigärtner des 17. Jahrhunderts, sich zu organisieren, scheint hauptsächlich mit dem wachsenden Interesse des lokalen Adels an der Renaissance (15. bis 16. Jahrhundert) und an Landschaftsgärten zusammenzufallen, der den Bedarf an Berufsgärtnern zunehmen ließ. Die meisten frühen Regeln befassen sich mit den praktischen Aspekten der Gartenarbeit sowie mit der Streuung von Informationen innerhalb der Freigärtnerlogen bezüglich spekulativ-spirituellem sowie fachlichem Wissen. Einige soziale Regeln sehen u.a. vor, wie Spenden und Geldbeiträge verwendet werden sollen, um z.B. notleidenden Witwen, Waisen und Armen zu helfen. Die 15 Pflichten (Interjunctions), die dem Protokoll von 1676 beigefügt sind, zeigen zudem, dass sehr viel Wert auf gutes Betragen, Benehmen und gute Sitten gelegt wird. Neben den operativen Inhalten werden den spirituellen Inhalten und der spekulativen Arbeit ein besonderer Platz eingeräumt.

Die Freigärtnerlogen existierten parallel zu den frühen Freimaurerlogen. Sowohl die Freimaurerlogen als auch die Freigärtnerlogen enthielten von Beginn an Klauseln, die es Berufsfremden und Nichthandwerkern ermöglichten, Mitglied zu werden. Diese Mitglieder bezeichnete man entweder als spekulative Mitglieder oder als Gentlemen-Mitglieder. Bei den Freigärtnern war von Beginn an klar geregelt, dass der Mitgliedsbeitrag für Berufsgärtner niedriger als der Beitrag aller anderen Berufsgruppen und Nichthandwerker zu sein hatte. Sie waren im Wesentlichen demokratisch organisiert. Zur Zeit des Aufstiegs der Freigärtner schlossen sich die mittelalterlichen Berufszweige wie Maurer, Steinmetze, Bäcker, Schriftsteller und Schmiede zu Gilden oder Zünften zusammen, d.h. sie schlossen als eigenständige Organisationen Verträge mit einer Stadt oder einer Gemeinde ab. Dies wurde die Grundlage der besonderen Privilegien, welche Gilden und Zünfte genossen und zu ihrem großen Ansehen führte. Wie andere Berufe organisierten sich auch die Gärtner, weil sie ihren Berufszweig schützen wollten. Sie taten ihr Bestes, um die Vorrechte ihres Handwerks, die Qualifikationen der Mitglieder und ihrer Organisation zu bewahren. Es wird angenommen, dass die Gärtner und Gemüsehändler von Glasgow die einzigen in

Schottland gewesen sind, die ab 1625/1626 den Status einer Gilde erlangen konnten.[123] Nirgendwo sonst in ganz Schottland gab es eine weitere Gilde der Gärtner. In manchen Städten und Gemeinden war das auch das Schicksal der Maurer, die sich dann einer Freimaurerloge oder eine Freigärtnerloge anschlossen.

Die Mutterloge in Haddington (1676) und die zweite Mutterloge in Dunfermline (1716), erweiterten ihren Rekrutierungsbereich erheblich, aber ohne die Gründung neuer Freigärtnerlogen. Sie beide blieben bis Ende des 18. Jahrhunderts die einzigen Freigärtnerlogen in Schottland. Erst 1796 wurden drei weitere Freigärtnerlogen gestiftet.[124]

Es gab mehrere Bestrebungen, sich stadtübergreifend zusammenzuschließen; jedoch blieben einige der älteren Freigärtnerlogen bewusst unabhängig. Zu einer gemeinsamen Verwaltung oder zu einer Großloge der Freigärtner kam es deshalb erst 1849.[125] Die Freigärtner dehnten sich von Schottland in die ehemaligen Kolonien aus, wie z.B. nach Südafrika, Australien und in die USA.

Mitte des 19. Jahrhunderts zählte die Freigärtner-Bruderschaft Tausende von Mitgliedern. Sie waren zahlenmäßig stärker und hatten höhere Mitgliederzahlen als die Freimaurer. Auf dem Höhepunkt gab es allein in der Region Lothian, südlich von Edinburgh, über 10.000 Freigärtner, die mehr als 50 Freigärtnerlogen angehörten.

Bis zum Ende des 19. Jahrhunderts hatten die Freigärtnerlogen einen Großteil ihrer operativen Tätigkeiten eingestellt und entwickel-

---

123 Cracking the Freemason´s Code – The truth about Solomon´s key and the brotherhood; Cooper, Robert L.D.; Random House 2006; Kapitel 10 The Order of Free Gardeners; S. 161-185.

124 Sie wurden in Arbroath, Bothwell und Cumbnathan gegründet.

125 In Schottland gab es zu dieser Zeit mindestens sechs Mutterlogen von denen alle unabhängig blieben.

ten sich zu Wohlfahrtsgesellschaften. Dabei wurden ihre Zeremonien, spekulativen Erkenntnisse, Geheimnisse, ihr spirituelles Wissen und ihr Brauchtum nur noch von wenigen Hütern bewahrt und am Leben gehalten.

Die sozialen Leistungen der Freigärtner in Großbritannien gingen 1911 zurück, da ein nationales Gesetz eingeführt wurde, welches den Staat zur Sozialversorgung seiner Bürger verpflichtete. Daraufhin trafen sich im gleichen Jahr die Großloge und einige unabhängige Freigärtnerlogen. Die Teilnehmer repräsentierten rund 70-80 Freigärtnerlogen, die sich über die veränderte Gesetzeslage austauschten. Für weitere 30 Jahre sorgten Freigärtner trotz der veränderten Gesetzeslage für einen Wohlfahrtsersatz, bis die Wirtschaftskrise von 1929 ihre karitativen Möglichkeiten zunehmend schwächte. 1956 wurde schließlich der Stammsitz der schottischen Großloge von Penicuik in Schottland nach Kapstadt in Südafrika verlegt. Ende der 1960er Jahre waren die Freigärtnerlogen in Großbritannien als Organisation nahezu ausgestorben. Außerhalb der britischen Inseln - besonders in Südafrika und Australien - existierte und florierte die Freigärtnerei aber weiter.

In Australien schlossen sich 1866 die Freigärtnerlogen zum „Grand United Order of Free Gardeners“ zusammen. Sie standen in direkter Tradition mit der Haddington-Mutterloge von 1676. Über 140 Jahre lang blühten und gediehen sie auf dem australischen Kontinent. Jedoch traf sie 2006 ein bitterer Schicksalsschlag.[126] Sie waren zuvor noch für eine Wiederbelebung der Freigärtnerei in Großbritannien mitverantwortlich. Denn das Erstaunliche daran ist, dass bevor die australischen Freigärtner dieser unerwartete Schicksalsschlag traf, sie sich auf Spurensuche nach ihren eigenen Ursprüngen

---

126 Aus einem Bericht der Australischen Zeitung APARA vom September des Jahres 2006 geht hervor, dass die Freigärtner den Status einer Genossenschaft aberkannt bekamen, da sie ihre Fonds und Einnahmen nachträglich versteuern mussten, was ihren sozial-karitativen Zweck komplett aushebelte.

nach Schottland begeben hatten. Dafür müssen wir aber in das Jahr 2000 und nach Schottland zurückkehren.

Zwischen den Jahren 2000 und 2002 unternahmen Freigärtner aus Südafrika und Australien den Schritt, die Freigärtner-Bruderschaft in Schottland wiederzubeleben. Auf den Reisen fanden sie zwar keine aktiven Freigärtnerlogen mehr, aber spärliche Artefakte, Spuren und Zeugnisse in verschiedenen Heimatmuseen und Freimaurerlogen. Glücklicherweise trafen sie auf ehemalige Freigärtner. 2002 etablierten schottische, englische, australische und südafrikanische Freigärtner eine „Stiftung zur Förderung und Wiederbeldung der Freigärtnerei in Großbritannien". Ziel der Stiftung ist es, die Wiederbelebung und Bewahrung der Freigärtnerei sowie ihrer Zeremonien, spekulativen Erkenntnisse, Geheimnisse, ihres spirituellen Wissens und ihres Brauchtums. Diese Ereignisse führten dazu, dass die 1849 gegründete schottische Großloge mit Sitz in Kapstadt nach fast 50 Jahren ein Gründungspatent nach Schottland schickte. Die neue Großloge wird heute gemeinhin „New Order 2002" genannt. Sie hat bis heute 33 Freigärtnerlogen gegründet, nämlich in Schottland, England, USA, Wales, Monaco, Frankreich, Australien, Spanien, Belgien und auf den Philippinen sowie in Deutschland. Die Freigärtnerloge »Carl Theodor zum goldenen Garten« in Schwetzingen erhielt von dieser Großloge die Matrikelnummer 30.

Die Zeremonien der Freigärtner nehmen Bezug auf die biblische Geschichte des Gartens Eden. Folglich liegt die Bibel auf dem Altar beim Buch Genesis bei Kapitel 2, Vers 15 aufgeschlagen. Dort steht:

> Und Gott der HERR nahm den Menschen und setzte ihn in den Garten Eden, daß er ihn baute und bewahrte.

Es gibt drei Grade: Freigärtner-Lehrling, Freigärtner-Geselle[127] und Freigärtner-Meister.

127 Die englische Bezeichnung ist Journeyman (zu Deutsch „Wandersmann").

Die drei Grade der Freigärtner haben folgende Bedeutung:

Der erste Grad[128] handelt von der biblischen Geschichte über den Garten Eden und über den Fall des Menschen, der zur Verbannung aus dem Garten führte. Interessant in diesem Grad ist, dass seine Erkenntnis darin liegt, dass das ursprüngliche Geheimnis der Schöpfung Adam und Eva zugleich anvertraut wurde, was dem Vers 15 des 2. Kapitels der Genesis entspricht. Denn die Trennung des Menschen in Mann und Frau erfolgte erst später, nämlich ab dem Vers 18ff des 3. Kapitels.

Der zweite Grad schlägt eine Brücke vom Garten Eden zu Noah und seiner Arche. Noah war nach der Sintflut nicht nur der erste Patriarch seiner achtköpfigen Familie, sondern auch der ganzen Menschheit. Er wird darum bei den Freigärtnern als der zweite Urahn betrachtet. Die Zeremonie des zweiten Grades führt den Freigärtner-Lehrling auf eine Reise vom Garten Eden über andere Gärten zum Garten Gethsemane. Sie sollen ihm als Vorbilder eines mit der Natur verbundenen Lebens dienen. Die Erkenntnisse dieses Grades und die Anwendung im metaphorischen Sinne weihen ihn schließlich zu einem Freigärtner-Gesellen.

Der dritte Grad konzentriert sich auf König Salomo, der den Freigärtnern als dritter Urahn gilt. König Salomo war ein Wissender und Gelehrter, der auch Kenntnis über allerlei Bäume, Sträucher und Pflanzen hatte.[129] Er war nicht nur für den Salomonischen Tempelbau verantwortlich, sondern auch für das Anlegen des königlichen Gartens aus denen allerlei Räucherwerk, Weihrauch, Harze und Öle für den Tempeldienst gewonnen wurden. Die Gärtner reklamierten für sich, dass zwar die Steinmetze und Maurer den Salomonischen

---

[128] In jeder Aufnahmezeremonie gibt es Verpflichtungen, Zeichen, Griffe, Wörter, Losungen und Katechismen.

[129] vgl. 1. Buch Könige 5,13: „und er redete von Bäumen, von der Zeder auf dem Libanon bis zum Isop (Duftkraut), das aus der Wand wächst. Auch redete er von Vieh, von Vögeln, von Gewürm und von Fischen."

Tempel erbaut hatten, aber es die Gärtner waren, die die Arbeit am Tempelbau vollendet hatten.[130] Besonders stolz waren sie darauf, dass sie lange nach dem Ende des Tempelbaus den Garten weiter bebauen und bewahren durften unter anderem um dem Hohenpriester regelmäßig den Olivenzweig zu überreichen, der in des Tempels Allerheiligstes geweiht wurde.

Neben den drei Standardgraden nahmen sie im Laufe der Zeit (meistens die neueren englischen Freigärtnerlogen) und vielleicht auch in der Wechselwirkung mit der frühen Freimaurerei weitere Legenden und stärkere Bezüge zur handwerklichen Praxis in ihre spekulativ-symbolische Arbeit auf. Es gibt auch Gerüchte über einen vierten Grad, von dem man aber nichts Näheres weiß.

In der Freigärtnerei werden drei Farben bevorzugt verwendet:

Dunkelblau gilt als Symbol des Wassers, des Himmels, des Göttlichen und der Treue. Es ist die häufigste Hintergrundfarbe für Schurze und Schärpen, denn die Treue ist die Basis der Bruderschaft.

Die Farbe Gold kann zugleich für den Glauben und für die Veredelung der Persönlichkeit stehen aber auch für die Sonne und das Sonnenlicht. Indem sie für die Buchstaben, Zeichen, Symbole, Säume, Tressen und Fransen verwendet wird, soll verdeutlicht werden, dass sie der Veredelung der eigenen Persönlichkeit dienen soll.

Die Farbe Grün wird zumeist für den Altar und die Arbeitstafel genutzt. Sie steht für die Hoffnung, Fruchtbarkeit und Vegetation.

Während die Freimaurerei als Initiationsbund verstanden wird, ist die Freigärtnerei ausschließlich auf Erkenntnisgraden aufgebaut. Man spricht von Zeremonien und nicht von Ritualen. Sie ist für

130 Im Sinne von „Schönheit ziere ihn“ oder „Schönheit vollende ihn“.

Frauen und Männer ab dem 18. Lebensjahr offen, gemeinnützig anerkannt und in der Öffentlichkeit präsent.

Auf dem Schurz sind vier Symbolgruppen angebracht, die nach der jüdisch-christlichen Mystik (auch *Kabbala* genannt) die vier Welten darstellen: Aziluth steht für die Kausale Welt, Beriah steht für die Welt des Schöpferischen, es entsteht alles in Gedanken. Jetzirah steht für die Welt der Formgebung, der Manifestation, und Assiah für die manifestierte, physische Welt.

Abb. 3

Aziluth:
Auf der überhängenden Lasche befinden sich das allsehende Auge Gottes sowie die drei symbolischen Werkzeuge: Zirkel, Winkelmaß und Gärtnermesser. (siehe Abb. 3) Das Auge ist als Symbol der göttlichen Allgegenwart zu verstehen, denn der Glaube an eine göttliche Weltordnung ist eine Voraussetzung für die Aufnahme in die Freigärtnerei. Gott wird unter dem Begriff „Der höchste Gärtner des Universums“ verehrt.[131]

Die räumliche Trennung der oberen, ersten Symbolgruppe auf der Lasche vom restlichen Schurz soll auf die Transzendenz des oberen Bereiches hindeuten.

Der untere Bereich des Schurzes beherbergt drei Symbolgruppen:

1) Die vier Buchstaben P, G, H, E,
2) die vier Buchstaben S, O, N, A und
3) die Arche Noah, den Regenbogen und die Taube mit grünem Olivenzweig.

Beriah:
Die nächste Buchstabengruppe auf den Schurzen bezieht sich auf die vier Flüsse, die mitten im Paradiesgarten entspringen: Pischon, Gihon, Hiddekel (Tigris) und Euphrat. Sie können als Hüllworte für die vier Freigärtner-Tugenden interpretiert werden: Liebe, Weisheit, Harmonie und Wahrheit. Denn die vier Flüsse fließen von der Mitte des Paradiesgartens in die Außenwelt und sollen damit die vier Freigärtner-Tugenden in die Welt tragen. Ganz im Sinne der in der Satzung der neugegründeten Freigärtnerloge „Carl Theodor zum goldenen Garten“ stehenden Ziele: „Die Mitglieder fühlen sich stark mit der Natur verbunden und streben die Reharmonisierung des Menschen mit seiner Umwelt an.“

---

131 Der englische Name für Gott lautet „Great Gardener of the Universe“, abgekürzt: GGOTU.

Jesirah:
Die Buchstabengruppe S, O, N, A steht für Salomo, Noah und Adam. Ihre Reihenfolge ist nicht chronologisch und der Buchstabe O steht nicht für eine biblische Person, sondern für den Olivenzweig oder den Olivenbaum. Während der biblische Baum der Erkenntnis des Guten und Bösen als Apfelbaum missinterpretiert wurde, wird der zweite Baum mitten im Paradiesgarten zumeist als Olivenbaum gedeutet. Der Lebensbaum ist ein zentrales Element der jüdisch-christlichen Mystik – zur Kabbala – die einen direkten Bezug zu Jesus Christus herstellt. Die Freigärtner erkennen ihn als den letzten Urahn der Freigärtner an.[132] Das Kreuz, an dem er gekreuzigt wurde, wird auch als Lebensbaum bezeichnet und setzt einen Bezug zum Paradies.

Assiah:
Die Arche Noah, der Regenbogen und die Taube mit dem grünen Olivenzweig bilden die unterste, vierte Symbolgruppe. Die drei Symbole spielen auf drei Stellen des Alten Testaments an[133] und auf die Verheißung einer neuen Weltordnung.

Neben dem Schurz trägt der Freigärtner noch eine Schärpe und Armstulpen, die Symbole darauf haben folgende Bedeutung:

Die Schärpe ist dunkelblau oder grün-golden gesäumt. Sie geht von der rechten Schulter nach links unten.[134] Auf ihr befindet sich ein Stern auf Herzhöhe. Innerhalb des Sterns werden die Insignien der internationalen Freigärtnerei dargestellt: Zirkel, Winkelmaß und Gärtnermesser. Der Stern mit seinen acht Zacken darf als eine Anspielung auf die acht Seligpreisungen aus der Bergpredigt verstanden werden. Die Schärpe erinnert einen Freigärtner stets daran, dass

---

[132] vgl. Johannes 20,15

[133] vgl. 1. Buch Moses 7, 1-10 (Sintflut), 8,6-12 (Taube), 9,8-17 (Regenbogen).

[134] Die obere rechte Seite des Köpers steht in der Freigärtnerei für Vernunft und Ratio, die linke für das Herz und die Emotion.

er immer edel und zuvorkommend sein muss, egal wohin ihn die acht Winde tragen.

Die Armstulpen sind dunkelbau und auf der Außenseite befindet sich der Bienenkorb als Symbol einer perfekten und harmonischen Gesellschaftsordnung. Die stets als Vierergruppe abgebildeten Bienen stehen wiederum für die vier Freigärtner-Tugenden: Liebe, Weisheit, Harmonie und Wahrheit.

Schließen möchte ich meinen Bericht mit den Worten, die das Ende einer jeden Zeremonie der Freigärtner besiegelt:

> Bevor ich Sie entlasse, möchte ich Ihnen für Ihre heutige Anwesenheit und für Ihre freundliche Unterstützung danken. Tragen Sie immer den Olivenzweig des Friedens bei sich, damit Sie der Welt zeigen können, dass Liebe, Weisheit, Harmonie und Wahrheit unseres Ordens höchste Tugenden sind. Denken Sie aber daran, was wir uns stets vor Augen halten sollten und was uns von alters her als Sinnspruch überliefert worden ist: Seid also wachsam! Denn ihr wisst weder den Tag noch die Stunde.[135]

Abbildungen:

1. Logo der Freigärtner
2. Siegel der Loge der Freigärtner „Carl Theodor zum goldenen Garten“
3. Kleidung der Freigärtner: Schurz

[135] vgl. Matthäus 24,24 oder 25,13.

Literatur

Batz, G.: Weltalter – goldene Zeit und sinnverwandte Vorstellungen, Hildesheim 1967.

Bauer. H.: Barock, Kunst einer Epoche, (Reimer) Berlin 1992.

Budde, K.: Die naturwissenschaftlichen Interessen des Kurfürsten. In: A. Wieczorek, H. Probst, W. König (Hrsg.): Lebenslust und Frömmigkeit Kurfürst Carl Theodor (1724-1799) zwischen Barock und Aufklärung. (Mannheim 1999).

von Buttlar, A. und Meyer, M. M. (Hrsg): Historische Gärten in Schleswig Holstein, Heidelberg 1996.

Cooper, Robert L.D.: Cracking the Freemason´s Code – The truth about Solomon´s key and the brotherhood, Random House 2006.

Curl, James Stevens: Freemasonry & the Enlightenment: Architecture, Symbols & Influences (London, 2011), vollständig überarbeitete Version von The Art & Architecture of Freemasonry (London 1991).

Curl, James Stevens: The Art and Architecture of Freemasonry. An Introductory Study, (Batsford) London 1991.

Gamer, J.: „Schloss und Park der kurpfälzischen Sommerresidenz zu Schwetzingen im 18. Jahrhundert“, in: Kunstgeschichtliche Gesellschaft zu Berlin, Sitzungsberichte, N.F. 19 (1970/71) 11-17.

Grabar, O.: The Encyclopaedia of Islam. New Edition. Band 5. Verlag Brill. Leiden 2012.

Grant, M. und **Hazel, J.**: Lexikon der antiken Mythen und Gestalten (München 2003).

Grippo, Giovanni: Der Salomonische Tempel im Wandel von 3000 Jahren. (2. Auflage). G. Grippo Verlag. Oberursel (Ts.) 2011.

Grippo, Giovanni: Freimaurerei - Von der Veredelung der Seele. G. Grippo Verlag, Oberursel (Taunus) 2012.

Grippo, Giovanni: Das Buch der Wächter – Der Henochische Orden (3. Aufl.). Giovanni Grippo Verlag. Oberursel (Taunus) 2011.

Grippo, Giovanni: Gott, Schöpfung und Mensch – Judentum, Christentum und Islam: G. Grippo Verlag. Steinbach 2009.

Grippo, Giovanni: Die Kabbalah – Die Vereinigung vieler Philosophien. Band III. 2. Auflage. Giovanni Grippo Verlag. Oberursel 2012.

Hagenmaier, O.: Der Goldene Schnitt. Ein Harmoniegesetz und seine Anwendung, München, 4. Aufl. 1977.

Hanegraaff, W. J.: Western Esotericism and the Status of the Image, in: A. Kroon, M. Bax & J. Snoek (Hg.): Masonic and Esoteric Heritage. New Perspectives for Art Heritage Policies, (OVN) The Hague 2005, 9-22.

Hansmann, W.: Gartenkunst der Renaissance und des Barock, Köln 1983.

Hartmann, Günter: Die Ruine im Landschaftsgarten, Worms 1981.

Heber, Wiltrud: Die Arbeiten des Nicolas de Pigage in den ehemals kurpfälzischen Residenzen Mannheim und Schwetzingen, 2 Bde., (Wernersche Verlagsgesellschaft) Worms 1986.

Hederich, Benjamin: Gründliches mythologisches Lexikon, Leipzig 1724, zweite überarbeitete Ausgabe von Joachim Schwaben, Leipzig 1770, Faksimile-Ausgabe Darmstadt 1967.

Hofmann, Eva: Peter Anton von Verschaffelt, Hofbildhauer des Kurfürsten Carl Theodor in Mannheim, Diss. Mannheim 1982.

Klug, Sonja Ulrike: Kathedrale des Kosmos: Die heilige Geometrie von Chartres. 3. überarb. u. erg. Auflage. Kluges Verlag. Köln 2008.

Kobusch, Theo: Geschichte der Philosophie. Die Philosophie des Hoch- und Spätmittelalters. Bd. 5. 1. Aufl. C. H. Beck. München 2011.

Kramers, J. H. und **Wensinck, A. J.**: Handwörterbuch des Islam. Brill, Leiden 1941.

Kroon, Andréa A.: Masonic networks, material culture & international trade: The participation of Dutch freemasons in the commercial & cultural exchange with Southeast Asia (1735-1853), Dissertation, Leiden 2015.

Kultermann, U.: Gabriel Grupello, (Deutscher Verlag für Kunstwissenschaft) Berlin 1968.

Kunze, M. (Hrsg.): Der Pfälzer Apoll – Kurfürst Carl Theodor und die Antike an Rhein und Neckar. Katalog zur Ausstellung im Winckelmann-Museum (Ruhpolding und Mainz 2007).

Maier, M.: Atalanta Fugiens. Ein alchemistisches Emblemwerk. (Faksimiledruck von 1618).

Martin, K.: Die Kunstdenkmäler des Amtsbezirks Mannheim, Stadt Schwetzingen, (C.F. Müller) Karlsruhe 1933.

Le Forestier, R.: Les Illuminés de Bavière et La Franc-Maconnerie Allemande, Paris 1914, Faksimile-Ausgabe (Slatkine-Megariots Reprints) Genève 1974.

Leger, T. A.: Führer durch den Schwetzinger Garten, Hrsg. von Karl von Graimberg, Mannheim 1828.

LCI Lexikon der Christlichen Ikonographie. Hrsg. von E. Kirschbaum SJ in Zusammenarbeit mit G. Bandmann, W. Braunfels, J. Kollwitz, W. Mrazek, A.A. Schmid, H. Schnell (Herder) Rom, Freiburg, Basel, Wien 1994.

Mörz, S.: Aufgeklärter Absolutismus in der Kurpfalz- während der Mannheimer Regierungszeit des Kurfürsten Karl Theodor (1742-1777) (Stuttgart 1991).

Mosser, M. und **Teyssot, G.**: Die Gartenkunst des Abendlandes. Von der Renaissance bis zur Gegenwart, (Deutsche Verlags-Anstalt) Stuttgart 1993. (Elemond Editori Associati) Milano 1990.

von Naredi-Rainer, P.: Salomos Tempel und das Abendland. Monumentale Folgen historischer Irrtümer, (Du Mont) Köln 1994.

Ovid, Metamorphosen (München 1997).

Physiologus Griechisch / Deutsch. Übersetzt und hrsg. von O. Schönberger, (Philipp Reclam jun.) Stuttgart 2001.

Ranke-Graves, Robert von: Griechische Mythologie. Quellen und Deutung. 13. Auflage. Rowohlt Taschenbuch Verlag. Reinbek bei Hamburg 2000.

Rave, P.O.: Gärten der Barockzeit. Von der Pracht und Lust des Gartenlebens, Stuttgart 1951.

Rave, P.O. und **Ortwin, Paul**: Gärten der Goethezeit. Vom Leben in Kunst und Natur, Leipzig 1941.

Snoek, J.A.M.: Einführung in die westliche Esoterik, für Freimaurer (Hrsg.: Freimaurerloge Modesta cum libertate im Orient von Zürich 2011).

Symbolism in 18th Century Gardens. The influence of Intellectual and Esoteric Currents such as Freemasonry J. A. M. Snoek, M. Scholl und A. Kroon (Hrsg.) (Den Haag, 2006).

Szenec, J.: Das Fortleben der antiken Götter. Die Mythologische Tradition im Humanismus und in der Kunst der Renaissance, München 1990 (La Survivance des Dieux antiques, Paris 1980).

Terner, Ursula: Freimaurerische Bildwelten. Die Ikonographie der freimaurerischen Symbolik anhand von englischen, schottischen und französischen Freimaurerdiplomen, (Michael Imhof Verlag) Petersberg 2001.

Troll, H., Förderer, A., Schmitt, U.: Schlossgarten Schwetzingen – Führer Staatliche Schlösser und Gärten Baden-Württemberg. (DKV München Berlin 2008).

Waldkirch, J.: Die Geschichte der Loge ‚Carl zur Eintracht' in G. Berger (Hg): 250 Jahre Freimaurerei in Mannheim, 1756-2006, Selbstverlag: Mannheim 2006, 9-31, S. 11.

Werhahn, M. C.: Der kurpfälzische Hofbildhauer Franz Conrad Linck (1730-1793). Modelleur der Porzellanmanufaktur Frankenthal, Bildhauer in Mannheim, (Neusser Druckerei und Verlag GmbH) Neuss 1999.

Wieczorek, A. / Probst, H. / König, W. (Hrsg.): Lebenslust und Frömmigkeit Kurfürst Carl Theodor (1724-1799) zwischen Barock und Aufklärung. (Mannheim 1999).

Wind, E.: Pagan Mysteries in the Renaissance, (Oxford University Press) Oxford u.a. 1980.

Yates, F.A.: The Rosicrucian Enlightenment, (Routledge & Kegan Paul) London & Boston 1972.

Yates, F.A.: Astraea: The Imperial Theme in the Sixteenth Century, (Routledge & Kegan Paul) London & Boston 1975.

Zeyher, J. und **Roemer, G.C.**: Beschreibung der Gartenanlage zu Schwetzingen, (Schwan und Götzische Buchhandlung) Mannheim 1809.

von Zigesar, E.: Tagebuch des Herzoglich-Württembergischen Generaladjudanten Freiherrn von Buwinghausen-Wallmerode über die Land-Reisen des Herzogs Carl Eugen von Württemberg in der Zeit von 1767 bis 1773. Hrsg. im Auftrag des württembergischen Geschichts- und Altertumsvereins, Stuttgart 1911.

nützt ja nix – neue Geschichten vom Wühltisch

Das Leben kann immer noch nicht schreiben, hört aber nicht auf damit. Die Absurditäten, über die Detlef Guhl stolpert, wenn er dasselbe durchs Leben tut, wollen weiterhin erzählt werden. Seine geradezu übersteigerte Lust an Übertreibungen und am Fabulieren, sein ihm im Nacken sitzender Schalk, der ihn antreibt wie der Lahme den Blinden, auf dessen Schultern er sitzt, lässt den Leser mitunter glauben, das könne doch alles gar nicht wahr sein . . . Ist es aber! Na ja, fast immer . . . ! Wer den ersten Band der Wühltisch-Geschichten gelesen hat, wird wissen, was ihn erwartet. Wer ihn noch nicht kennt, sollte ihn schleunigst lesen. Eine bessere Anleitung, mit den (noch nicht) erkannten Widrigkeiten des Lebens umzugehen, gibt es nicht.

Detlef Guhl wurde 1946 in Essen geboren.
Nach einem Studium zum Diplom-Ingenieur war er von 1975 bis 1992 als Bauingenieur tätig. Von 1992 bis 2015 arbeitete er als freischaffender bildender Künstler. Er gründete – zusammen mit seiner Frau – die „Kleinkunst in Norden“ und war u.a. über Jahre Kurator der Galerie „FORUM S“ in Norden und der Galerie „WITTHUS“ in Greetsiel. Im März 2014 gründete er mit Dr. Christoph Söllenböhmer in dessen Praxis im Berliner Westend den „KUNST RAUM PRAXIS“ mit halbjährlich wechselnden Ausstellungen.
Seine Bilder wurden in zahlreichen Ausstellungen in ganz Deutschland gezeigt. Aktionskunst, Rauminstallation sowie Kunst am Bau und im öffentlichen Raum sind weitere Zeugen seiner vielseitigen und ausdrucksstarken Schaffenskraft.
Seit Oktober 2010 lebt Detlef Guhl in Berlin-Charlottenburg.

Weitere Bücher von Detlef Guhl finden Sie in der Ankündigung am Ende des Buches.